WILLIAMS-SONOMA

POSTRES

RECETAS Y TEXTO

ABIGAIL JOHNSON DODGE

EDITOR GENERAL

CHUCK WILLIAMS

FOTOGRAFÍA

MAREN CARUSO

TRADUCCIÓN

LAURA M. CORDERA

CONTENIDOS

LAS RECETAS CLÁSICAS

POSTRES SENCILLOS

POSTRES PARA EL VERANO

POSTRES PARA DIAS DE FIESTA

OCASIONES ESPECIALES

TENTACIÓN DE CHOCOLATE

INTRODUCCIÓN

Me es muy grato poder compartir las recetas de este libro con los cocineros de América Latina. Un postre casero siempre se aprecia. Es el esfuerzo extra que puede hacer un cocinero para convertir una comida ordinaria en algo especial. En este libro, hemos reunido una amplia gama de recetas para cada ocasión, gusto y nivel de conocimientos. Existe un capítulo de postres sencillos que pueden hacerse en unos cuantos minutos así como los pies, pasteles y mousses clásicos que deben incluirse en el repertorio de cualquier cocinero. Deliciosos postres hechos a base de fruta celebran los regalos especiales que el verano nos otorga y una selección de tentaciones deliciosas, hechas a base de chocolate, pueden ser irresistibles aún para el cocinero más ocupado. Pero lo mejor de todo, para que no se desaliente, es que estas recetas han sido probadas en la cocina y garantizan un resultado exitoso. Cada receta va acompañada de una nota lateral que explica un ingrediente o una técnica de cocina en particular que amplía sus conocimientos en el tema. También incluimos un capítulo sobre las claves para hornear en el que se explica claramente todo lo que se debe saber antes de empezar.

Para esta edición en Español, también hemos hecho sugerencias para sustituir los ingredientes que difieren en nuestros países. Espero que este libro lleve un poco de dulzor a su mesa. ¡Buen Provecho!

LOS CLÁSICOS

A continuación presentamos una colección de las recetas favoritas de antaño que también son irresistibles, lo cual hará que nunca pasen de moda en ninguna cocina. Existen recetas indispensables, que utilizará una y otra vez, que van desde una tarta de fruta de temporada y un delicioso pastel de chocolate hasta un elevado soufflé y un exquisito pastel de queso. Todas estas recetas tienen una hermosa presentación y son absolutamente deliciosas.

TARTA DE CHOCOLATE SIN HARINA

BETÚN DE CHOCOLATE

Para preparar el betún, en la parte superior de una vaporera doble (página 106) combine ½ taza de mantequilla (125 g/4 oz) corte en 4 trozos y 250 g (8 oz) de chocolate semi amargo. Colóquela a baño maría y derrita, mueva hasta integrar por completo. Retire del calor y, moviendo, vierta 2 cucharadas de miel de maíz ligera hasta que esté suave y brillante. Coloque el pastel frío sobre una rejilla en un platón grande o charola para hornear. Vierta lentamente el betún caliente sobre el centro del pastel. El betún deberá cubrir la superficie uniformemente, chorreando sobre las orillas y cayendo por los lados, dejando que caiga el exceso al plato de abajo.

Precaliente el horno a 150°C (300°F). Engrase la base de un molde redondo para pastel de 20 cm (8 in) y cúbralo con papel encerado. Engrase el papel y las orillas del molde y espolvoree con polvo de cocoa.

En la parte superior de una vaporera doble (página 106), combine el chocolate y los ¾ de taza de mantequilla. Póngalo a baño maría y derrita, después mezcle hasta integrar por completo. Deje reposar para enfriar ligeramente.

En un tazón grande, bata las yemas, ¼ de taza de azúcar, ron oscuro (si lo usa), vainilla y sal con una batidora a velocidad media alta, hasta que la mezcla se torne pálida y muy espesa. Integre la mezcla de chocolate poco a poco y continúe batiendo hasta que esté bien mezclado.

En un tazón hondo bata las claras a velocidad media alta hasta que estén espumosas. Agregue el azúcar restante poco a poco y continúe batiendo hasta que se formen picos medio firmes. Añada la mitad de las claras de huevo a la mezcla de chocolate y envuélvala con cuidado. Integre las claras restantes hasta que no queden líneas.

Vierta la masa en el molde preparado y extiéndala de forma pareja. Hornee la tarta hasta que se suba ligeramente y que al introducir un palillo de dientes en el centro, éste salga muy húmedo pero no líquido, aproximadamente 35 minutos. No sobre cueza. Deje enfriar sobre una rejilla durante 30 minutos.

Desmolde el pastel pasando un cuchillo pequeño alrededor de la orilla del molde e inviértalo sobre un plato extendido. Levante el molde y remueva el papel con cuidado. Deje enfriar por completo. Tape y refrigere hasta que esté bien frío, por lo menos 4 horas o durante toda la noche.

Cubra el pastel con betún de chocolate (ver explicación a la izquierda), refrigere una vez más hasta que esté firme, por lo menos 2 horas. Pase a un platón extendido. Con ayuda de un cuchillo delgado, corte el pastel en rebanadas pequeñas, sumergiendo el cuchillo en agua caliente y secándolo antes de partir cada rebanada.

RINDE PARA UN PASTEL DE 20 CM (8 IN). O 10 REBANADAS

Cocoa amarga en polvo para espolvorear

315 g (10 oz) de chocolate semi amargo, finamente picado

¾ taza (185 g/6 oz) de mantequilla sin sal, cortada en 6 trozos, más otra poca para engrasar

5 yemas de huevos grandes

¼ taza (50 g/1¾ oz) más 2 cucharadas de azúcar

1 cucharada de ron oscuro o expreso preparado

1 cucharadita de extracto (esencia) de vainilla

Una pizca de sal

3 claras de huevos grandes, a temperatura ambiente

Betún de chocolate *(ver explicación a la izquierda)*

TARTA TATIN

Masa para Pasta Básica (página 113) refrigerada

¼ taza (60 g/20 oz) de mantequilla sin sal, cortada en 4 pedazos

¾ taza (160 g/5¼ oz) de azúcar

5 manzanas "Golden Delicious" u otro tipo de manzana para cualquier uso (ver explicación a la derecha), aproximadamente 1 kg, peladas, y partidas en cuarterones a lo largo y sin corazón

Helado de vainilla para acompañar (opcional

Espolvoree ligeramente con harina una superficie de trabajo y un rodillo. Extienda la masa fría formando un círculo de 30 cm (12 in) de diámetro, y aproximadamente 6 mm (¼ in) de grueso. Levante y voltee la masa varias veces a medida que la extiende para evitar que se pegue y espolvoree la superficie de trabajo y el rodillo con más harina según se necesite. Si se pega la pasta, despéguela, usando una raspa de masa o una espátula para bajar betún. Recorte la masa formando un círculo de 28 cm (11 in) de diámetro. Coloque la masa en una charola para hornear sin borde, cubra con plástico y refrigere hasta que se necesite.

Precaliente el horno a 190°C (375°F) y elija una sartén o molde para freír a prueba de horno de 25 cm (10 in) con lados rectos de preferencia de hierro fundido. Coloque sobre calor medio y caliente la mantequilla. Cuando se derrita, espolvoree el azúcar sobre la mantequilla en forma pareja y continúe cocinando hasta que el azúcar se derrita y se torne color ámbar, de 3 a 4 minutos. Agite dando vueltas frecuentemente a la sartén para redistribuir el azúcar y lograr que se derrita y caramelice en forma pareja.

Coloque las manzanas en el caramelo, poniendo la parte donde estaba el corazón hacia arriba y acomodándolas en una sola capa. Eleve la temperatura a media alta y cocine hasta que las manzanas estén suaves, aproximadamente 15 minutos. El caramelo burbujeará alrededor. Retire del fuego.

Descubra el círculo de pasta. Cuando las burbujas se hayan bajado, meta sus dos manos bajo el círculo y colóquelo cuidadosamente sobre las manzanas, apretando en las orillas y teniendo cuidado de no quemarse los dedos. Hornee hasta que la costra esté dorada, aproximadamente 30 minutos.

Deje enfriar sobre una rejilla 5 minutos. Coloque un platón grande y extendido invertido sobre la sartén o molde e invierta. Retire la sartén. Rebane y sirva caliente con helado de vainilla, si así lo desea.

RINDE PARA UNA TARTA DE 25 CM (10 IN), U 8 REBANADAS

MANZANAS PARA HORNEAR

La variedad que se elige para una receta depende de cómo se va a usar la fruta. Las manzanas se dividen en tres grupos muy amplios. Manzanas para salsa, como la "Cortland" y la "Mcintosh", se ablandan rápidamente, convirtiéndose en puré al poco tiempo de hervirlas a fuego lento. Manzanas para hornear, como la "Golden Delicious" (ver foto arriba), la "Rome Beauty" y la "Pink Lady", que mantienen perfectamente su forma durante una hora en el horno. Cualquier manzana para hornear se puede usar en esta receta. Las manzanas para cualquier uso, como la "Granny Smith", tienen una consistencia entre suave y firme al cocerse, por lo que también se pueden utilizar.

SOUFFLÉ DE GRAND MARNIER

CONOCIMIENTO DEL
SOUFFLÉ

Su nombre se deriva del verbo francés "soplar", y es una mezcla vaporosa que sube debido a los huevos batidos y el horno caliente.

Los soufflés deben servirse directamente del horno, antes que tengan la oportunidad de bajarse. El molde para soufflé, de cerámica con bordes altos y rectos, generalmente se engrasa y espolvorea con azúcar (o, para soufflés salados, con pan molido) para ayudar a la masa a "trepar" por los lados del mismo. Para algunos soufflés que suben más, se hace un collar de papel para hornear que dará más soporte. Para más detalles, vea de la página 67 a la 85.

Para hacer la crema pastelera, coloque una sartén sobre fuego medio, caliente la leche hasta que aparezcan pequeñas burbujas junto a la orilla. Retire del fuego. En un tazón, mezcle con fuerza las yemas de huevo, ⅓ taza (70 g/2⅓ oz) de azúcar, la harina, la ralladura y la sal hasta que la mezcla esté pálida y bien integrada. Lentamente agregue la leche caliente mientras mezcla. Vierta a la sartén y coloque sobre calor medio bajo. Cocine, moviendo constantemente, hasta que suelte el hervor. Continúe cocinando, moviendo constantemente durante 1 minuto. Retire del fuego e integre el licor y la vainilla. Vierta la crema pastelera a un recipiente grande y presione cuidadosamente con un pedazo de plástico adherente sobre la superficie para evitar que se le forme nata. Deje enfriar a temperatura ambiente o refrigere hasta que esté listo para hornearse.

Precaliente el horno a 190°C (375°F). Engrase ligeramente un molde para soufflé con capacidad de 6 tazas (1.5 l/48 fl oz) y espolvoree con azúcar.

Retire el plástico de la crema pastelera y mueva hasta que esté suave. En un tazón profundo y bien limpio, bata las claras a punto de turrón con una batidora eléctrica a velocidad media alta hasta que, al levantar, se le formen picos suaves.

Pase aproximadamente una cuarta parte de las claras a la crema pastelera y, usando una espátula de goma, cubra con cuidado para aligerar la mezcla. Después integre el resto de las claras con movimiento envolvente hasta que no queden rayas blancas. Vierta en el molde preparado. Pase un dedo alrededor del borde interno del molde para evitar que se pegue la pasta y ayudar a que suba el soufflé.

Hornee aproximadamente 30 minutos hasta que el soufflé suba y la superficie esté dorada, pero siga moviéndose ligeramente al agitar el molde con cuidado. Sirva de inmediato con la crema inglesa.

RINDE DE 6 A 8 PORCIONES

PARA LA CREMA PASTELERA:

1 taza (250 ml/8 fl oz) de leche

6 huevos grandes, separados, a temperatura ambiente

⅔ taza (145 g/4⅔ oz) de azúcar

3 cucharadas de harina de trigo

2 cucharaditas de ralladura fina de cáscara de naranja

Una pizca de sal

¼ taza (60 ml/2 fl oz) de Grand Marnier u otro licor de naranja

1 cucharadita de extracto (esencia) de vainilla

Mantequilla sin sal para engrasar

Azúcar para espolvorear

Crema Inglesa (página 113) para acompañar

TARTA DE FRAMBUESAS

Masa para Pasta Básica, fría y extendida para formar un círculo de 33 cm (13 in) de diámetro, con un espesor de 3 mm (¹⁄₈ in) (página 113)

PARA LA CREMA PASTELERA:

1 taza (250 ml/ 8 fl oz) de leche

2 huevos grandes, a temperatura ambiente

¼ taza (50 g/1¾ oz) de azúcar

4 cucharaditas de fécula de maíz (maizena)

Una pizca de sal

1 cucharadita de extracto(esencia) de vainilla

¼ taza (60 ml/2 fl oz) de crema espesa

3 a 4 tazas (375-500 g/¾–1 lb) de frambuesas

Glaseado para fruta *(ver explicación a la derecha)*

Pase con cuidado el círculo de masa extendida a un molde para tarta de 24 cm (9½ in) con un fondo desmontable, acomodando con cuidado y sin estirarla. Recorte las orillas, dejando que cuelgue una tira de 12 mm (½ in). Doble la tira sobre sí misma y presiónela contra las orillas del molde, formando un doble grosor para reforzar las orillas. Congele 30 minutos hasta que la costra esté firme.

Precaliente el horno a 220°C (425°F). Cubra la costra congelada con papel aluminio y llene con pesas para pie o frijoles secos. Hornee 15 minutos. Retire las pesas y el aluminio y continúe horneando hasta que la costra se torne dorada claro, de 4 a 5 minutos más. Deje enfriar completamente sobre una rejilla.

Para preparar la crema pastelera, coloque una sartén sobre calor medio y caliente la leche hasta que aparezcan pequeñas burbujas por toda la orilla. Retire del calor. En un tazón mezcle los huevos, azúcar, fécula de maíz y sal. Lentamente agregue la leche caliente mientras continúa moviendo. Vierta la mezcla a la sartén una vez más y caliente sobre fuego medio bajo. Cocine, moviendo constantemente, hasta que suelte el hervor y se espese. Continúe cocinando, sin dejar de mover durante 20 segundos. Vierta en un tazón limpio y presione con cuidado un pedazo de plástico adherente directamente sobre la superficie para prevenir que se forme nata. Refrigere hasta que esté fría, por lo menos 2 horas o hasta 24 horas.

Agregue la vainilla a la crema pastelera fría hasta que se integre por completo y esté suave. En otro tazón, usando la batidora a velocidad media alta, bata la crema hasta que se formen picos firmes. Integre la crema batida a la crema pastelera con movimiento envolvente hasta mezclar.

Para armar la tarta, cubra la costra con la crema pastelera distribuyendo en forma pareja. Distribuya las frambuesas al azar sobre la crema. Barnice las frambuesas con glaseado para fruta. Corte en rebanadas delgadas y sirva.

RINDE PARA UNA TARTA DE 25 CM (10 IN) O DE 10 A 12 PORCIONES

GLASEADO PARA FRUTA
Un glaseado sencillo, hecho de jalea diluída en agua da un bonito brillo y un aspecto bien terminado a la tarta de fruta fresca. En una sartén pequeña combine 1/4 taza (75 g/2½ oz) de jalea de manzana o de frambuesa sin semillas con 2 cucharadas de agua. Caliente la sartén sobre fuego bajo, moviendo la mezcla constantemente, hasta que se derrita y esté suave. Retire del fuego y deje enfriar ligeramente. Usando una pequeña brocha de pasta o un pincel de pluma, barnice la fruta.

PASTEL DE QUESO Y VAINILLA

Para hacer la costra, precaliente el horno a 200°C (400°F). Engrase ligeramente un molde desmoldable de 23 cm (9 in). En un tazón mezcle las migajas de galleta, azúcar, canela y mantequilla derretida. Mueva hasta integrar por competo y que las migajas estén uniformemente húmedas. Vierta en el molde desmoldable y presione de forma pareja dejando una capa de aproximadamente 4 cm (1½ in) sobre la base y paredes del molde *(ver explicación a la izquierda)*. Hornee como 10 minutos hasta que esté ligeramente dorado y firme. Deje enfriar en una rejilla. Reduzca la temperatura del horno a 150°C (300°F).

Para preparar el relleno, combine en un tazón grande los quesos crema, harina y sal. Usando una batidora eléctrica a velocidad media alta, bata hasta que esté muy suave y esponjoso, parando de vez en cuando y bajando lo que queda en los bordes. Agregue el azúcar, crema agria y vainilla. Bata hasta integrar por completo, una vez más bajando lo que quede en los bordes. Añada los huevos, uno a uno, batiendo bien después de cada uno. Vierta encima de la costra.

Hornee de 60 a 70 minutos, hasta que el relleno esté firme pero el centro aún se mueva ligeramente cuando se mueva el molde con cuidado y las orillas estén ligeramente infladas. El relleno se hará más firme a medida que se enfríe. Deje sobre una rejilla a temperatura ambiente. Cubra y refrigere hasta que esté bien frío (es mejor durante toda la noche).

Para servir, abra el molde y retire el borde, después corra una espátula delgada para betún entre la base del molde y la costra. Con cuidado deslice el pastel a un platón extendido. Usando un cuchillo delgado, corte el pastel en rebanadas, mojando el cuchillo en agua caliente y limpiándolo antes de cortar cada rebanada.

RINDE PARA UN PASTEL DE QUESO DE 23 CM (9 IN), O 6 PORCIONES

HACIENDO LA COSTRA

Una costra de migajas es típica para el pastel de queso. Al hacer la mezcla de migajas, póngala en la sartén preparada. Extienda alrededor de la base del molde, dejando también que se peguen a los lados. Usando un tarro para café con base plana, presione las migajas del centro hacia fuera para formar una capa pareja en la base y costados del molde. También puede usar su mano, envolviéndola en una bolsa de plástico para que no se peguen en sus dedos.

PARA LA COSTRA:

1½ tazas (140 g/4½ oz) de migajas de galleta

3 cucharadas de azúcar

½ cucharadita de canela molida

¼ taza (60 g/2 oz) de mantequilla sin sal, derretida, más otra poca para engrasar

PARA EL RELLENO:

4 paquetes (250 g/8 oz cada uno) de queso crema, a temperatura ambiente

2 cucharadas de harina de trigo

¼ cucharadita de sal

1¼ taza (270 g/8¾ oz) de azúcar

½ taza (125 g/4 oz) de crema agria

1 cucharada de extracto (esencia) de vainilla

3 huevos grandes, a temperatura ambiente

CRÈME BRÛLÉE

3 tazas (750 ml/24 fl oz) de crema espesa

½ vaina de vainilla, partida a lo largo *(ver explicación a la derecha)*

8 yemas de huevo grandes, a temperatura ambiente

½ taza (105 g/3½ oz) más ⅓ de taza (70 g/2⅓ oz) de azúcar

Precaliente el horno a 150°C (300°F). Prepare seis recipientes individuales pequeños con capacidad de ¾ de taza (180 ml/6 fl oz) y una sartén para asar poco profunda.

En una sartén sobre calor medio, combine la crema y vaina de vainilla. Hierva ligeramente y retire del calor, tape y reserve de 15 a 30 minutos para que se mezclen los sabores. Retire la vaina de la crema y, usando la punta de un cuchillo, raspe las semillas a la crema. Deseche la vaina o guarde para otro uso *(ver explicación a la derecha)*.

Regrese la crema a calor medio y cuando esté a punto de soltar el hervor, retire del fuego. En un tazón, mezcle las yemas de huevo y el ⅓ de taza de azúcar hasta que se integren por completo. Lentamente integre, moviendo, la crema caliente. Regrese la mezcla a la sartén sobre calor medio bajo. Cocine, moviendo constantemente, hasta que la natilla esté suficientemente espesa para cubrir el reverso de una cuchara, aproximadamente 3 minutos. No deje que hierva. Cuele y vierta en los recipientes individuales, dividiéndola para que queden iguales.

Coloque los recipientes sobre una sartén para asar. Vierta agua de la llave muy caliente en la sartén hasta llegar a cubrir la mitad de los lados de los recipientes. Tape la sartén con papel aluminio. Hornee aproximadamente 40 minutos hasta que las natillas estén firmes pero los centros todavía se muevan ligeramente cuando se agiten con cuidado. Retire del horno pero deje a baño maría hasta que estén suficientemente fríos para poder tocarlos y retire los recipientes. Tape y refrigere hasta que estén bien fríos, o incluso, toda la noche.

Justo antes de servir, precaliente el asador (rosticero). Espolvoree la ½ taza restante de azúcar sobre la superficie de las natillas frías para formar una capa delgada y pareja y coloque los recipientes sobre una charola para hornear. Coloque la charola bajo el asador de 5 a 7.5 cm (2 –3 in) de la fuente de calor y ase (rostice) hasta que se derrita y caramelice el azúcar, de 1 a 2 minutos. Voltee los recipientes según se necesite para cocinar el azúcar de forma pareja. O si lo desea, use un pequeño soplete de gas para cocina para caramelizar el azúcar. Sirva de inmediato.

RINDE 6 PORCIONES

VAINAS DE VAINILLA

Una raja o vara de vainilla es la vaina curada de un tipo de enredadera de orquídea. Para lograr el mejor sabor, escoja vainas oscuras y suaves que no muestren señales de estar marchitas. La mayoría de las recetas piden una vaina entera o la mitad cortada a lo largo. Al separar la vaina salen pequeñas semillas y su sabor permea el platillo. Si va a hacer una infusión de vainilla, meta la vaina partida en el líquido, después retírela y raspe para dejar las semillas en el líquido. La vaina se puede volver a usar, aunque su sabor será menos intenso. Una vez seco, el sobrante de una vaina se puede encajar en un tarro de azúcar para darle un sutil sabor a vainilla.

PASTEL BOCADO DE ÁNGEL
CON SALSA DE FRESAS

Precaliente el horno a 180°C (350°F). Prepare un molde para rosca de 25 cm (10 in) cubriéndolo con papel encerado (para hornear).

Cierna tres veces la harina con 1 taza (220 g/7 oz) del azúcar super fina y la sal, reserve. En un tazón grande y bien limpio, bata las claras con una batidora eléctrica a velocidad media baja hasta que esponjen. Agregue el cremor tártaro, aumente la velocidad a media alta, y bata hasta que las claras estén suaves y esponjosas. Poco a poco agregue el azúcar restante y continúe batiendo hasta que se formen picos medio firmes cuando se levante la batidora. No bata de más. Integre el jugo de limón, vainilla y ralladura, si la usa.

Pase a un tazón grande. Cierna encima una cuarta parte de la mezcla de harina y, con una espátula grande de goma, envuelva las claras de huevo usando movimientos fuertes. Agregue el resto de la harina en 3 partes iguales, cerniendo y envolviendo cada vez. Pase la mezcla a un molde y acomode con cuidado la superficie. Hornee aproximadamente 40 minutos, hasta que el pastel esté dorado y rebote cuando se le toque. Retire del horno e invierta el molde o coloque en el cuello de una botella de vino. Deje enfriar por completo.

Mientras tanto, combine las fresas para hacer la salsa, el azúcar granulada y el jugo de limón en una sartén sobre fuego alto. Hierva, moviendo frecuentemente hasta que el líquido esté claro y un poco espeso, 2 minutos. Vierta en un recipiente grande y refrigere hasta que esté frío.

Para retirar el pastel del molde, pase con cuidado un cuchillo delgado alrededor de la orilla exterior del molde, presionando firmemente contra el molde para evitar que el pastel se rompa. Después pase el cuchillo alrededor del arillo interior. Invierta el molde y deje que salga el pastel. Retire el papel encerado. Con ayuda de un cuchillo con sierra, corte en rebanadas y sirva con una cucharada de salsa de fresa.

RINDE PARA 20 PORCIONES

SEPARANDO HUEVOS

Los huevos se separan más fácilmente cuando están fríos. Parta cada huevo con cuidado y deteniéndolo sobre un tazón, pase la yema de una a otra mitad del cascarón y deje caer las claras al tazón. Ponga la yema en otro recipiente y pase las claras a un tercer tazón. Separe cada huevo adicional sobre el tazón vacío pues si una pequeña gota de yema cae en la clara, no se batirá como es debido. Si se llegara a romper una yema, empiece de nuevo con otro huevo. Deje reposar las claras separadas hasta que estén a temperatura ambiente antes de usarlas en la mezcla.

1 taza (125 g/4 oz) de harina para pastel (de trigo suave)

1¼ taza (270 g/8¾ oz) de azúcar super fina (caster)

¼ cucharadita de sal

1¼ taza (310 ml/10 fl oz) de claras de huevo (de aproximadamente 10 huevos grandes) a temperatura ambiente

1½ cucharadita de cremor tártaro

2 cucharaditas de jugo de limón recién hecho

1 cucharadita de extracto (esencia) de vainilla)

1 cucharadita de ralladura fina de cáscara de limón (opcional)

PARA LA SALSA:

4 tazas (500 g/1 lb) de fresas, sin tallo, lavadas y partidas en rebanadas gruesas

¼ taza (50 g/1¾ oz) de azúcar granulada

2 cucharadas de jugo de limón recién hecho

POSTRES SENCILLOS

Es conveniente tener algunos postres maravillosos y simples dentro del repertorio: platillos rápidos y sencillos o que pueden hacerse simplemente batiendo algunos ingredientes. Aunque estas recetas son fáciles y poco complicadas, están llenas de sabor y presentación para recibir invitados. Un poco de crema batida y fruta fresca es todo lo que necesitan para convertirse en el mejor momento del Domingo.

PUDÍN DE PAN

Engrase ligeramente un refractario cuadrado de 20 cm (8 in). Esparza los cubos de pan.

En un tazón, mezcle los huevos, azúcar mascabado, vainilla, canela, nuez moscada y sal hasta unir por completo. Vierta la leche y mezcle hasta integrar. Vierta sobre los cubos de pan. Deje reposar presionando el pan de vez en cuando, hasta que esté bien remojado, aproximadamente 20 minutos.

Mientras tanto, precaliente el horno a 180°C (350°F). Prepare una sartén para asar poco profunda.

Distribuya uniformemente los arándanos sobre la superficie del pan y presione para sumergir la fruta. Coloque el refractario en la sartén para asar. Agregue a la sartén agua muy caliente de la llave a que tape la mitad del refractario.

Hornee de 45 a 55 minutos, hasta que al insertar un cuchillo cerca del centro éste salga casi limpio. Sirva caliente o a temperatura ambiente, cubriéndolo con una capa generosa de azúcar para repostería sobre la superficie de cada rebanada.

RINDE 8 PORCIONES

PAN PARA PUDÍN

Cuando sobra una baguette o pan campestre la solución perfecta es usarlo para preparar un sencillo pudín. Estos panes tienen una consistencia similar y ambos tienen un sabor suave cuando ya no están frescos, lo que los hace perfectos para hacer una sabrosa natilla. Corte en rebanadas de 2 cm (¾ in) y después una vez más haciendo cubos de 2 cm (¾ in). Estas piezas del tamaño de un bocado son perfectas para remojar toda la natilla y al mismo tiempo le dan cuerpo otorgándole así cierta consistencia al postre.

Mantequilla sin sal para engrasar

12 rebanadas de baguette del día anterior, cortada en cubos de 2 cm (¾ in) (aproximadamente 6 tazas/ 375 g/12 oz)

4 huevos grandes, a temperatura ambiente

½ taza (125 g/4 oz) bien compactada de azúcar mascabado

¾ cucharadita de extracto (esencia) de vainilla

½ cucharadita de canela molida

Una pizca de nuez moscada recién rallada

Una pizca de sal

4 tazas (1 l/32 fl oz) de leche

¼ taza (45 g/1½ oz) de arándanos secos o pasas

Azúcar de repostería (azúcar glass) para decorar

FOOL DE FRESAS

7 fresas pequeñas, más 2 fresas partidas a la mitad (opcional)

⅓ taza (70 g/2⅓ oz) de azúcar más otro poco al gusto

¾ taza (90 g/3 oz) de frambuesas o zarzamoras o mezcla de ambas

1 cucharadita de jugo de limón recién hecho

Una pizca de sal

¾ taza (180 ml/6 fl oz) de crema espesa (doble) bien fría

8 hojas de yerbabuena o menta fresca pequeñas para el adorno (opcional)

Quite el tallo y limpie las 7 fresas; córtelas en cuartos a lo largo (deberá tener aproximadamente ¾ de taza/90 g/3 oz). En un tazón pequeño mezcle las fresas partidas en cuartos y ⅓ taza de azúcar. Usando un tenedor, presiónelas hasta lograr un tipo de jalea y que la mayoría estén hechas puré. Agregue las frambuesas o zarzamoras y presione ligeramente con el tenedor. Integre el jugo de limón y la sal. Rectifique la sazón y agregue de 1 a 2 cucharadas de azúcar, si lo desea. Coloque en el congelador y deje enfriar, moviendo frecuentemente, hasta que estén bien frías, cerca de 15 minutos.

En un tazón frío, bata la crema con una batidora eléctrica a velocidad media o media alta, hasta que se formen picos firmes cuando suba la batidora. Agregue la fruta fría a la crema y, usando una espátula de plástico, mezcle con movimiento envolvente.

Sirva de inmediato o cubra y refrigere durante la noche. Sirva en platos o copas para postre. Adorne con las mitades de fresa y las hojas de menta, si lo desea.

RINDE 4 PORCIONES

SIRVIENDO EL FOOL

El fool de fresa es un antiguo platillo Inglés cuyo nombre se deriva de la palabra francesa fouler, que significa aplastar. Este postre tan versátil se puede colocar en platos de postre o copas de vino y servirse inmediatamente. También es un acompañante delicioso para una rebanada delgada de panqué o pastel bocado de ángel. Para lograr una presentación aún más espectacular, pero igual de fácil, coloque el fool en copas altas de vino alternando por capas con una mezcla hecha con fresas partidas y zarzamoras enteras. *(vea foto arriba)*.

BROWNIES

TIPOS DE CHOCOLATE

El chocolate se divide en varios tipos, dependiendo de la cantidad de licor de chocolate que contenga. El amargo, o chocolate sin azúcar, es 100 por ciento de licor de chocolate sin azúcar. El semi amargo o semi dulce tienen manteca de cocoa y un poco de azúcar en el licor, pero aún contienen por lo menos un 35 y 15 por ciento de licor respectivamente. En la mayoría de los casos, estos 2 tipos de chocolate se pueden usar indistintamente en las recetas. El chocolate de leche, que contiene por lo menos un 10 por ciento de licor de chocolate y el 12 por ciento de sólidos de la leche, se comporta de una manera diferente en las recetas y no se debe usar para sustituir los otros a menos que se especifique.

Precaliente el horno a 180°C (350°F). Engrase ligeramente un refractario de 20 cm (8 in), de preferencia de vidrio.

En una olla sobre calor bajo, combine la mantequilla y el chocolate de repostería, Caliente, batiendo frecuentemente, hasta que se derrita, aproximadamente 4 minutos. Retire del fuego e integre el azúcar y la sal. Agregue los huevos y vainilla y bata hasta integrar por completo. Espolvoree la harina cernida sobre la mezcla y bata hasta integrar. Si lo desea, agregue las chispas.

Vierta la masa al refractario y extienda de forma pareja. Hornee hasta que al insertar un palillo de dientes en el centro éste salga casi totalmente limpio, aproximadamente 30 minutos, o más tiempo si usa molde de metal. No hornee de más. Pase a una rejilla de alambre para enfriar por completo antes de cortarlos en cuadros de 6 cm (2½ in).

RINDE PARA 9 BROWNIES GRANDES

½ taza (125 g/4 oz) de mantequilla sin sal, cortada en 4 trozos, más otra poca para engrasar

90 g (3 oz) de chocolate de repostería amargo, finamente picado

1 taza (220 g/7 oz) de azúcar

Una pizca de sal

2 huevos grandes, a temperatura ambiente

1 cucharadita de extracto (esencia) de vainilla

¾ taza (90 g/3 oz) de harina para pastel (de trigo suave), cernida

¾ taza (140 g/4½ oz) de chispas de chocolate semi amargo, semi dulce, de crema de cacahuate o de chocolate blanco (opcional)

PANQUÉ

1½ taza (205 g/6¾ oz) de harina de trigo, más otra poca para enharinar

¼ cucharadita de polvo de hornear (bicarbonato de sodio)

¼ cucharadita de sal

¾ taza (185 g/6 oz) de mantequilla sin sal, a temperatura ambiente, más un poco extra para engrasar

1 taza (220 g/7 oz) de azúcar

1½ cucharaditas de extracto (esencia) de vainilla

¼ cucharadita de extracto (esencia) de almendra (opcional)

2 huevos grandes, a temperatura ambiente

½ taza (125 g/4 oz) de crema agria, a temperatura ambiente

Precaliente el horno a 165°C (325°F). Engrase ligeramente un molde para panqué de caja de 21.5 por 11.5 cm (8½-4½ in), de preferencia de vidrio, y enharine.

En un tazón, mezcle la harina, levadura en polvo y sal hasta integrar. En otro tazón, bata con una batidora eléctrica a velocidad media o media alta la mantequilla, azúcar, vainilla y extracto de almendra (si lo desea), hasta que lograr una consistencia ligera y espumosa. Agregue los huevos uno a uno, batiendo bien hasta integrar. Espolvoree la mitad de la harina sobre la mezcla de huevos hasta incorporar. Integre la crema agria y espolvoree con el resto de la pasta de harina y mezcle hasta que se distribuya uniformemente.

Vierta la masa al refractario preparado y golpee ligeramente sobre la mesa para que quede parejo y se asienten los ingredientes. Hornee hasta que al insertar un palillo de madera en el centro éste salga totalmente limpio, aproximadamente 70 minutos o un poco más si usa molde de metal. Deje enfriar sobre una rejilla 15 minutos.

Con un cuchillo desprenda las orillas del molde, invierta el pastel a una rejilla de alambre y quite el molde. Coloque el panqué sobre uno de sus lados y continúe enfriando. Sirva caliente o a temperatura ambiente.

RINDE DE 8 A 10 PORCIONES

VARIACIONES DEL PANQUÉ
Una rebanada de panqué tiene un delicioso sabor a mantequilla y es delicioso por si solo, pero se puede complementar perfectamente con cualquier ingrediente que se le desee añadir. Varíe el sabor de este pastel omitiendo el extracto de almendra o agregando 1 cucharadita de ralladura de limón, 2 cucharadas de jugo de limón recién hecho y 1 cucharada de semillas de adormidera (poppy seed) o, si desea, 2 cucharadas de jengibre cristalizado picado. Si le gustan las almendras, agregue un poco más de extracto de almendra y almendras rebanadas (hojuelas) sobre la superficie antes de hornear. También puede colocar rebanadas de panqué y cubrirlo con Mousse de Chocolate (página 94), Fool de Fresas (página 29), o rebanadas de fruta fresca.

PASTELITOS CON FRESAS

MASA PARA PASTELITOS
Cuando se mezcla según las instrucciones, la masa debe quedar áspera. No mezcle más de lo estipulado o no quedarán bien. Trabaje la masa sobre una superficie de trabajo ligeramente enharinada, presionando con cuidado y formando un rectángulo grueso. Si pone demasiada harina la masa resultará muy dura. Es mejor cortar la masa en cuadros que en círculos ya que éstos dejan sobrantes que tienen que volverse a aplanar y trabajaría demasiado esa masa lo que dará por resultado algunos pastelitos duros. Si se hacen cuadros todos durarán igual de suaves y deliciosos.

Para hacer los pastelitos, precaliente el horno a 200°C (400°F). Prepare una charola de hornear sin engrasar.

En un tazón, mezcle la harina, azúcar, polvo de hornear, ralladura y sal hasta integrar por completo. Usando un mezclador de pasta, corte la mantequilla hasta tener trozos del tamaño de chícharos pequeños. Agregue la crema buttermilk y la vainilla y mezcle cuidadosamente con un tenedor o espátula de plástico hasta que la harina esté un poco húmeda y los ingredientes se hayan mezclado.

Voltee la masa áspera a una superficie de trabajo ligeramente enharinada. Presione con cuidado la masa para formar un rectángulo grueso de aproximadamente 15 por 10 cm (6 por 4 in). Recorte las orillas con un cuchillo filoso para dejarlas parejas, después corte la masa en 6 cuadros iguales.

Coloque los cuadros en una charola de horno, dejando bastante espacio entre ellos. Hornee aproximadamente de 15 a 18 minutos, hasta que se esponjen y doren. Pase a una rejilla de alambre y deje enfriar ligera o completamente.

Mientras tanto, mezcle en un tazón las fresas y el azúcar con un tenedor, presionando ligeramente algunas de las fresas. Cubra y refrigere hasta que estén bien frías o hasta la hora de servir.

Para servir pártalos a la mitad horizontalmente, ya sea calientes o fríos, colocando las mitades inferiores sobre platos individuales con la parte cortada hacia arriba. Con una cuchara ponga algunas fresas sobre cada mitad, incluyendo el jugo, y cubra con un poco de crema batida. Tape con las mitades restantes poniendo la parte cortada hacia abajo. Sirva de inmediato.

RINDE 6 PORCIONES

PARA LOS PASTELITOS:

1²/₃ taza (235 g /7½ oz) de harina

2 cucharadas de azúcar

1 cucharada polvo para hornear

1 cucharadita de ralladura fina de cáscara de limón

¾ cucharadita de sal

½ taza (125 g/4 oz) de mantequilla fría sin sal, cortada en trozos pequeños

¾ de taza (180 ml/6 fl oz) de crema buttermilk

½ cucharadita de extracto (esencia) de vainilla

4 tazas (500 g/1 lb) de fresas, limpias y cortadas en rebanadas de 6 mm (¼ in) de grueso

¼ taza (50 g/1¾ oz) de azúcar

Crema Dulce Batida (página 113) para servir

CUADROS DE LIMÓN

PARA LA COSTRA:

1 taza (140 g/4½ oz) de harina de trigo

⅓ taza (70 g/2⅓ oz) de azúcar granulada

½ cucharadita de sal

⅛ cucharadita de canela molida

½ taza (125 g/4 oz) de mantequilla fría sin sal, cortada en trozos de 12 mm (½ in), más otra poca para engrasar

PARA EL RELLENO:

¾ taza (160 g/5¼ oz) de azúcar granulada

2 cucharadas de harina de trigo

Una pizca de sal

1 cucharadita de ralladura fina de cáscara de limón (opcional)

3 huevos grandes, a temperatura ambiente

½ taza (125 ml/4fl oz) de jugo de limón recién hecho

3 cucharadas de crema espesa

Azúcar para repostería (glass) para decorar (opcional)

Para hacer la costra, precaliente el horno a 180°C (350°F). Engrase ligeramente un refractario cuadrado de 20 cm (8 in), de preferencia de vidrio.

En un procesador de alimentos, mezcle la harina, azúcar, sal y canela. Pulse ligeramente hasta que se integre. Agregue los trozos de mantequilla y pulse aproximadamente 1 minuto hasta que la masa forme migajas húmedas y se junte al pellizcarse. No deberá haber ningún rastro de resequedad. Presione la masa en la base del refractario preparado y hasta una altura de 2.5 cm (1 in) sobre sus lados, enharinando ligeramente las puntas de sus dedos, si es necesario, para prevenir que se peguen. Hornee la costra de 20 a 22 minutos, hasta que esté ligeramente dorada. Deje enfriar por completo sobre una rejilla. Reduzca la temperatura del horno a 165°C (325°F).

Para preparar el relleno, mezcle el azúcar, harina, sal y ralladura, si la usa. Agregue los huevos, jugo de limón y crema y mezcle hasta integrar. Vierta cuidadosamente sobre la costra horneada.

Hornee hasta que el relleno esté firme pero se mueva ligeramente cuando el molde se mueva con cuidado, aproximadamente 20 minutos o un poco más si usa molde de metal. Deje enfriar 30 minutos sobre una rejilla. Corra la punta de un cuchillo pequeño a lo largo del interior del refractario para desprender la costra de los lados, y deje enfriar por completo.

Corte en 12 rectángulos pequeños y retire cuidadosamente del molde con una espátula. Cierna un poco de azúcar para repostería sobre los rectángulos justo antes de servir

RINDE PARA 12 GALLETAS RECTANGULARES

RALLANDO CÁSCARA Y HACIENDO JUGO

Si se requiere tanto la cáscara como el jugo, siempre ralle la cáscara primero. Utilice un rallador para cítricos o para queso y haga movimientos cortos, rotando la fruta ligeramente después de cada 1 ó 2 pasadas. Evite llegar a la cáscara blanca, ya que da un sabor amargo. Para extraer la mayor cantidad de jugo, presione y ruede el limón sobre una superficie aplastándolo ligeramente y después córtelo a la mitad a lo ancho. Cuando requiera pequeñas cantidades de jugo, recomendamos usar un exprimidor manual, rotando el limón a medida que va presionando y aplastando, hasta que salga todo el jugo. Los extractores eléctricos son muy eficientes, pero tenga precaución, pues pueden "sobre- exprimir" y dejar un sabor amargo.

GRANIZO DE EXPRESS

Coloque un molde sin aluminio o un refractario de vidrio de 23 x 33 cm (9 x 13 in) en el congelador.

En un tazón, mezcle el azúcar con el café express caliente hasta que se disuelva. Refrigere hasta que esté frío.

Vierta el express frío al molde o refractario. Congele aproximadamente 30 minutos hasta que empiecen a formarse cristales pequeños alrededor de las orillas. Con ayuda de un tenedor, bata y raspe alrededor de las orillas y esquinas para distribuir los cristales uniformemente. Congele durante 30 minutos más y vuelva a batir y raspar una vez más, rompiendo todos los cristales grandes a medida que se formen. Continúe congelando y batiendo cada 30 minutos hasta que todo el contenido del molde se haya cristalizado, de 3 a 4 horas en total. Tape y mantenga congelado hasta que esté listo para servirse.

Sirva en vasos individuales o platos pequeños de postre y adorne cada uno con una cucharada de crema batida y, si lo desea, un poco de canela molida.

Variación: Para hacer un Granizo de Leche, agregue 1 taza (250 ml/ 8 fl oz) de leche después de disolver el azúcar en el café express caliente y siga las mismas instrucciones.

RINDE DE 8 A 10 PORCIONES

⅔ taza (145 g/4⅔ oz) de azúcar

4 tazas (1 l/32 fl oz) de café express preparado o café preparado doble caliente

Crema Dulce Batida (página 113) para adornar

Canela molida para adornar (opcional)

ACERCA DE LOS GRANOS DE CAFÉ
El factor más importante para hacer un buen café o un buen café express radica en los granos. Elija granos enteros recién tostados según su gusto. Para hacer express use los italianos o franceses y tueste oscuro. Compre en pequeñas cantidades y, si tiene un molino en casa, no muela los granos en la tienda, pues su sabor disminuye en el momento de molerse. Almacene los granos enteros que no usó en un lugar fresco, seco y oscuro. Los granos recién tostados se mantendrán frescos por aproximadamente una semana. Si desea, colóquelos en un frasco en el congelador, pero su sabor no será el mismo.

POSTRES CON FRUTAS DEL VERANO

Las siguientes recetas resaltan el dulce sabor de las frutas del verano sin sobreponer sus sabores. Con la llegada del clima cálido podrá encontrar un dulce consuelo al saborear un helado con sabor de antaño o un delicado sorbete. Ya sea que sirva estas recetas en un día de campo o como platillo casero al final de una barbacoa familiar, gozará de estos fáciles postres durante estos meses de descanso.

PASTELITOS VOLTEADOS DE ZARZAMORAS

Precaliente el horno a 200°C (400°F). Cubra la base de una charola de hornear con borde con papel encerado.

En un tazón, mezcle las zarzamoras con el azúcar mascabado, harina, jugo de limón, vainilla, ralladura de limón y sal, presionando las zarzamoras ligeramente con el reverso de una cuchara, hasta que los ingredientes secos estén igual de húmedos. Reserve la mezcla.

En un recipiente pequeño y con la ayuda de un tenedor diluya un huevo, batiendo con agua hasta integrar por completo. Reserve.

Sobre una superficie ligeramente enharinada, extienda un disco de masa para formar un cuadrado de aproximadamente 27 cm (10½ in) y 3 mm (⅛ in) de espesor. Con ayuda de un raspa de masa o una espátula para betún desprenda la pasta para que no se pegue. Recorte las orillas rasgadas para dejar parejo, quitando aproximadamente 6 mm (¼ in) de cada lado. Repita con el segundo disco. Corte cada cuadro en cuatro cuadros de 13 cm (5 in).

Con una cuchara, coloque un poco del relleno de zarzamora en el centro de cada cuadro, dividiendo el relleno de forma pareja. Barnice ligeramente las orillas de los cuadros con un poco de huevo diluido, doble la masa sobre el relleno para formar triángulos. Presione las orillas con los dientes de un tenedor para sellar. Coloque sobre la charola de hornear preparada dejando una separación de 4 cm (1½ in) entre ellos. Barnice con el huevo diluido y espolvoree con almendras y azúcar granulada, si lo desea. Corte de 2 a 3 ranuras sobre la superficie de cada pastelito para ventilar.

Hornee durante 20 ó 25 minutos, hasta que estén dorados. Deje enfriar sobre una rejilla. Sirva calientes o a temperatura ambiente.

RINDE PARA 8 PASTELITOS

HUEVO DILUIDO

Estos pastelitos, así como muchos pies de costra doble, se barnizan con huevo diluido antes de hornearlos. El diluido, una mezcla hecha con huevo o yema de huevo y agua, leche o crema batiendo hasta integrar por completo, da un bello color dorado a la costra. Use una brocha para barnizar la pasta ligeramente y de forma uniforme. El huevo diluido también ayuda a detener cualquier adorno que se coloque, como es el caso de las almendras y el azúcar de esta receta.

1¼ taza (155 g/5 oz) de zarzamoras o blueberries

2 cucharadas de azúcar mascabado clara firmemente compactada

1 cucharada de harina de trigo

1 cucharadita de jugo de limón recién hecho

½ cucharadita de extracto (esencia)de vainilla

¼ cucharadita de ralladura fina de cáscara de limón

Una pizca de sal

1 huevo grande, a temperatura ambiente

2 cucharaditas de agua

Receta doble de Masa para Pasta Básica (página 113) dividida en 2 discos iguales, refrigerada

2 cucharadas de almendras rebanadas (hojuelas) (opcional)

2 cucharaditas de azúcar granulada (opcional)

COBBLER DE ZARZAMORAS

Mantequilla sin sal para engrasar

PARA EL RELLENO:

6 tazas (750 g/1½ lb) de zarzamoras

⅓ taza (70 g/2⅓ oz) de azúcar

1 cucharada de harina de trigo

1 cucharadita de ralladura fina de cáscara de limón

Una pizca de sal

PARA LA CUBIERTA:

1¼ tazas (175 g/5¾ oz) de harina de trigo

⅓ taza (70 g/2⅓ oz) de azúcar

2 cucharaditas de polvo para hornear

½ cucharadita de canela molida

¼ cucharadita de sal

1 huevo grande, a temperatura ambiente

½ taza (125 ml/4 fl oz) de crema buttermilk

6 cucharadas (90 g/3 oz) de mantequilla sin sal, derretida y ligeramente fría

½ cucharadita de extracto (esencia)de vainilla

Precaliente el horno a 190°C (375°F). Engrase ligeramente un refractario para hornear ya sea ovalado o redondo, con capacidad de 2 l (2 qt).

Para preparar el relleno, mezcle cuidadosamente en un tazón grande las zarzamoras, azúcar, harina, ralladura y sal hasta integrar. Coloque en el refractario preparado y reserve.

Para hacer la cubierta, bata en un tazón la harina, azúcar, polvo de hornear, canela y sal. En otro tazón, mezcle el huevo, crema, mantequilla derretida y vainilla hasta integrar por completo. Combine los ingredientes líquidos con los secos y, usando una espátula de goma, mezcle con movimiento envolvente hasta que la harina esté húmeda y la mezcla forme una masa suave.

Agregue cucharadas copeteadas de la mezcla sobre la fruta, espaciándolas en forma pareja sobre la superficie. La cubierta no cubrirá la fruta por completo. Hornee aproximadamente 45 minutos hasta que burbujee el relleno, la cubierta esté dorada y al insertar un palillo de madera en la cubierta éste salga limpio. Sirva caliente o a temperatura ambiente.

RINDE DE 8 A 10 PORCIONES

VARIACIONES DEL COBBLER

Para otra versión de este cobbler mezcle algunas frambuesas y fresas con las zarzamoras. O, si lo desea, sustituya las zarzamoras por duraznos rebanados o nectarinas y un puño de cerezas ácidas secas o arándanos. Una combinación de 3 ó 4 variedades de ciruelas, todas sin hueso y cortadas en cuartos, también es deliciosa. Agregue una pizca de nuez moscada recién rallada o una pequeña cantidad de extracto (esencia) de vainilla o almendra a la fruta. O, espolvoree un puño de almendras en hojuelas o nueces picadas sobre la superficie antes de hornear.

HELADO DE DURAZNO

En una olla vierta agua hasta llenarla ¾ partes y hierva. Haga una X poco profunda en el punto de nacimiento de cada durazno. Sumérjalos en el agua hirviendo durante 30 segundos. Usando una cuchara ranurada, páselos a una superficie de trabajo. Cuando estén suficientemente fríos para poder tocarlos, pélelos usando sus dedos o un cuchillo pequeño y filoso. Quite los huesos y pique finamente sin dejar escapar sus líquidos. Ponga los duraznos y su jugo en un tazón pequeño y agregue 2 cucharadas de azúcar y el jugo de limón. Mezcle y reserve, batiendo de vez en cuando.

En una olla sobre calor medio, caliente la leche y la crema hasta que aparezcan burbujas pequeñas alrededor de la orilla. Retire del calor. En un tazón, mezcle las yemas de huevo y ⅓ de taza de azúcar hasta que estén pálidas y espesas y vierta lentamente la mezcla de leche caliente sin dejar de mover. Mezcle hasta integrar por completo. Regrese a la olla sobre calor medio bajo. Cocine, moviendo constantemente durante 4 minutos, hasta que la natilla haya espesado lo suficiente para cubrir el reverso de una cuchara. Cuele a un tazón limpio. Agregue todo el jugo de los duraznos a la natilla. Cubra y refrigere, moviendo frecuentemente durante 2 horas, hasta que esté bien frío. Para acelerar este proceso, use un baño de hielo (página 66).

Ponga un tazón en el congelador para guardar el helado cuando esté listo. Agregue la vainilla y sal a la natilla fría y mueva bien, después vierta a una máquina para hacer helado y congele de acuerdo a las instrucciones de su aparato. Cuando el helado esté listo, páselo con una cuchara al tazón congelado. Agregue los duraznos picados y el jugo que soltaron y mueva cuidadosamente para distribuirlo uniformemente. Congele hasta que esté listo para servirse o durante toda la noche. Sirva en platos de postre y adorne con las rebanadas de durazno, si lo desea.

RINDE APROXIMADAMENTE 3 TAZAS (750 ML/24 FL OZ), Ó 6 PORCIONES

3 duraznos grandes, maduros más 1 durazno rebanado para adornar (opcional)

⅓ taza (70 g/2⅓ oz) más 2 cucharadas de azúcar

2 cucharaditas de jugo de limón recién hecho

1⅓ taza (340 ml/11 fl oz) de leche

⅔ taza (160 ml/5 fl oz) de crema espesa

6 yemas de huevos grandes

1 cucharadita de extracto (esencia) de vainilla

Una pizca de sal

CLAFOUTIS DE CEREZA

Mantequilla sin sal para engrasar

375 g (¾ lb) de cerezas, sin hueso y partidas a la mitad

3 cucharadas de ron oscuro

¼ taza (34 g/1⅛ oz) de harina de trigo

½ taza (105 g/3½ oz) de azúcar, más otra poca para espolvorear

¼ cucharadita de sal

3 huevos grandes, a temperatura ambiente

1 taza (250 ml/8 fl oz) de crema espesa

Precaliente el horno a 190°C (375°F). Engrase un platón poco profundo para horno de 23 x 35 cm (9 x 14 in) con una capacidad de 2 l (2 qt) y espolvoree con azúcar. Quite cualquier exceso.

En un tazón pequeño, combine las cerezas y el ron, reserve.

En otro recipiente, integre la harina, azúcar y sal. Agregue los huevos y mezcle hasta que la masa esté suave. Vierta lentamente la crema, moviendo constantemente. Añada las cerezas y su jugo hasta integrar. Vierta la masa al platón preparado.

Hornee de 33 a 35 minutos, hasta que esponje y dore. Sirva caliente y esponjoso o deje enfriar a temperatura ambiente sobre una rejilla antes de servir. El Clafoutis se desinflará a medida que se vaya enfriando, pero de cualquier forma tendrá un delicioso sabor.

RINDE DE 6 A 8 PORCIONES

VARIEDADES DE CEREZA

La cereza puede ser dulce o agria. La agria, se usa para pies o jaleas y rara vez se vende fresca. La cereza dulce es la que todo mundo busca cuando recién aparece a principios del verano. La cereza dulce "Bing" es de color rojo muy oscuro más conocida, mientras que la "Rainier" ampliamente considerada como la cereza más dulce, es de un color rojo vivo y algunas veces con tonos dorados (ver foto arriba). Ambas son deliciosas y son solamente dos de las muchas variedades que se pueden encontrar. Aunque el Clafoutis tradicional se prepara con cerezas enteras con hueso, que supuestamente dan más sabor, presentamos esta versión con cerezas sin hueso que tiene mucho sabor y es un poco más fácil de comer.

GALLETA DE HIGO

DOBLANDO LA MASA

Para hacer esta galleta rústica, las orillas externas de un círculo de masa se doblan sobre la fruta y se hacen pliegues sueltos. Para hacer los pliegues, use ambas manos, levante la orilla de la masa y colóquela sobre la fruta y pliéguela por debajo de sí misma cada 2.5 a 5 cm (1-2 in) hasta que toda la orilla tenga una serie de pliegues. Trabaje la masa rápidamente con manos frías. Si se tarda, el calor de sus dedos derretirá la mantequilla de la masa, dando como resultado una costra más dura. Para enfriar sus manos antes de empezar, páselas bajo agua muy fría y séquelas bien.

Precaliente el horno a 200°C (400°F). Cubra una charola de horno con papel encerado.

Enharine ligeramente una superficie de trabajo y un rodillo. Extienda la masa de pasta fría haciendo un círculo ligeramente más grande de 33 cm (13 in) y aproximadamente 3 mm (⅛ in) de grosor. Levante y gire la masa varias veces a medida que extiende para evitar que se pegue, y espolvoree la superficie y el rodillo con más harina si se necesita. Use una raspa de masa o una espátula para betún para despegar la pasta si se pega. Recorte cualquier orilla rasgada para formar un círculo parejo de 33 cm (13 in) de diámetro. Cubra con plástico adherente y reserve.

En un tazón grande, mezcle cuidadosamente los higos, azúcar mascabado, ralladura y vainilla hasta que todos los ingredientes estén distribuidos de manera uniforme. Destape la masa y colóquela en la charola de horno. Las orillas del círculo de masa colgarán de las orillas de la charola. Apile los higos en el centro de la masa, dejando una orilla de 5 cm (2 in) sin cubrir. Doble hacia arriba y coloque sobre el relleno, haciendo pliegues sueltos alrededor de todo el círculo, dejando la galleta abierta en su centro (ver explicación a la izquierda). Barnice con la crema. Espolvoree las almendras y presione para que se peguen.

Hornee aproximadamente 40 minutos, hasta que la costra esté dorada y los higos se sientan suaves al picarlos con la punta de un cuchillo. Deje enfriar sobre una rejilla. Sirva caliente o a temperatura ambiente.

RINDE DE 6 A 8 PORCIONES

Masa para Pasta Básica (página 113), refrigerada

625 g (1¼ lb) de higos naturales maduros, sin tallo y partidos en cuartos a lo largo

⅓ taza (75 g/2½ oz) azúcar mascabado compactada firmemente

1½ cucharaditas de ralladura fina de cáscara de limón

1 cucharadita de extracto(esencia) de vainilla

2 cucharadas de crema espesa o leche

¼ taza (30 g/1 oz) de almendras rebanadas (hojuelas)

SORBETE DE MANGO

¾ **taza (180 ml/6 fl oz) de agua**

½ **taza (105 g/3½ oz) de azúcar**

3 mangos maduros

2 cucharadas de jugo de limón recién hecho

1 cucharadita de ralladura fina de limón, más algunas tiras largas de ralladura para decoración opcional

Una pizca de sal

Coloque un recipiente en el congelador para guardar el sorbete una vez terminado.

En una olla pequeña sobre fuego medio alto, combine el agua y el azúcar. Deje que suelte el hervor, moviendo frecuentemente hasta que se disuelva el azúcar. Una vez que hierva el líquido, retire del calor y deje enfriar.

Mientras tanto, corte la pulpa de cada mango separándola del hueso, marque líneas sobre su pulpa y corte los trozos separándolos de la cáscara (vea explicación a la derecha). Ponga las piezas de mango en un procesador de alimentos y muela hasta que esté suave. Tome 1½ tazas (375 ml/12 fl oz) del puré e intégrelo a la miel de azúcar. Agregue también el jugo de limón, ralladura y sal. Mezcle hasta integrar por completo.

Congele la mezcla de mango en una máquina para hacer helado de acuerdo a las instrucciones del fabricante. Pase con ayuda de una cuchara al recipiente que colocó en el congelador, tape y congele hasta que esté listo para servirse o durante 2 días. Sirva en copas individuales o platos de postre y, si lo desea, adorne con las tiras de ralladura de limón.

RINDE 6 PORCIONES

PREPARANDO MANGO

Coloque un mango poniendo uno de sus lados delgados sobre una tabla para cortar. Usando un cuchillo filoso, corte a lo largo en su centro evitando el hueso, para rebanar un lado de mango en una sola pieza. Repita con el otro lado. Tomando de una por una, coloque una mitad de mango sobre la tabla, colocando su lado cortado hacia arriba y corte la pulpa con cuidado haciendo cuadros, hasta llegar a la cáscara pero sin atravesarla. Posteriormente, presione con sus dedos contra la cáscara, haciendo que los cubos salgan hacia arriba. Corte por debajo, desprendiéndolos de la cáscara.

COMPOTA DE FRUTA DE VERANO

Para preparar el aderezo, mezcle en una olla pequeña sobre calor medio el jugo de limón, miel, ralladura de naranja y limón, jengibre, sal y pimienta de cayena, si la usa. Mueva hasta integrar por completo. Retire del fuego y reserve.

Utilice una cuchara redonda para melón y coloque en un recipiente grande las bolas que obtenga. Rebane las ciruelas y nectarinas a lo largo en pedazos de 12 mm (½ in) de ancho. Añádalas al tazón con las bolas de melón. Pele el kiwi y corte a lo largo en cuartos y nuevamente a lo ancho para obtener trozos de 2.5 cm (1 in). Agregue al tazón. Por último, corte las fresas a lo largo en cuartos y agréguelas al tazón, junto con las frambuesas enteras.

Rocíe el aderezo sobre la fruta. Mueva cuidadosamente para combinar. Tape y refrigere hasta que esté frío, por lo menos 1 hora o hasta 6 horas. Justo antes de servir, agregue la menta y mueva para mezclar.

RINDE 8 PORCIONES

TRITURANDO HIERBAS

Hay un truco para hacer las tiras finas de hierbas frescas, llamada "chiffonade", que se requiere para algunas recetas de postres. Escoja hojas grandes de menta fresca de 1 rama o más. Trate de usar hojas del mismo tamaño y, de preferencia grandes que son más fáciles de manejar. Apílelas sobre la superficie de trabajo y enróllelas a lo largo como si estuviera haciendo un puro. Detenga el rollo con la punta de sus dedos para mantenerlo apretado y corte a lo ancho con un cuchillo filoso para hacer hilos muy delgados.

PARA EL ADEREZO:

¼ taza (60 ml/2 fl oz) de jugo de limón fresco

¼ taza (60 ml/2 fl oz) de miel de abeja

1 cucharadita de cáscara de naranja finamente rallada

1 cucharadita de cáscara de limón finamente rallado

½ cucharadita de jengibre fresco pelado y finamente rallado

Una pizca de sal

Una pizca de pimienta de cayena (opcional)

½ melón dulce "Honeydew" sin semillas

2 ciruelas, sin hueso

1 nectarina o durazno, sin hueso

1 kiwi, pelado

2 tazas (250 g/8 oz) de fresas sin tallo

1 taza (125 g/4 oz) de frambuesas

⅓ taza (15 g/½ oz) de hojas de menta o yerbabuena fresca finamente desmenuzadas

POSTRES PARA DÍAS FESTIVOS

Ya sea que haya sido preparado para festejar en familia o para una gran fiesta, un postre hecho en casa siempre es algo especial. Las recetas que presentamos a continuación varían desde lo sencillo hasta lo complicado, dándole la oportunidad de elegir dependiendo del tiempo que tenga disponible durante esta época tan ocupada. Desde un sencillo pie de manzanas con sabor de antaño o un pastel de jengibre con sabor casero hasta el típico tronco navideño, todos estos postres se pueden preparar con anticipación y son un gran final para una celebración.

PIE DE CALABAZA

PLEGANDO LA MASA DE PIE

Para hacer una orilla decorativa
para una costra de pie, coloque su
dedo índice de una mano sobre el
interior de la orilla de la costra y
los dedos índice y pulgar de la otra
mano en el exterior. Pellizque con
el dedo pulgar y el dedo índice con
la mano exterior mientras que
presiona en medio de ellos con el
dedo índice de la otra mano.
Repita todo alrededor. Para hacer
una orilla acordonada, coloque el
pulgar en un ángulo sobre la orilla
interior de la costra, y el índice de
la misma mano sobre la exterior
opuesta. Presione la masa con el
dedo hacia el pulgar, trabajando de
la misma manera alrededor de
toda la orilla.

Espolvoree ligeramente con harina una superficie de trabajo y un rodillo. Extienda la pasta fría para formar un círculo de 35 cm (14 in) de diámetro aproximadamente y 3 mm (⅛ in) de grueso. Levante y gire la masa varias veces a medida que la extiende para evitar que se pegue, y espolvoree la superficie y el rodillo con más harina si se necesita. Use una raspa para hacer masa o una espátula para betún para despegar el círculo si éste se llegará a pegar.

Cuidadosamente enrolle la masa alrededor del rodillo y colóquelo sobre un molde para pie, de 23 cm (9 in) de diámetro, de preferencia de vidrio. Desenrolle la masa y acomode en el molde, presionándola firmemente contra los lados y la base teniendo cuidado de no estirarla. Recorte la orilla, dejando que cuelgue un sobrante de 2 cm (¾ in) alrededor del molde. Voltee la sobrante por debajo de sí misma para hacer una orilla elevada sobre el borde. Pliegue la orilla de forma decorativa (vea la explicación a la izquierda) y congele por lo menos 30 minutos.

Precaliente el horno a 220°C (425°F). Cubra la costra congelada con papel aluminio y coloque pesas para pie, arroz crudo o frijoles secos. Hornee 15 minutos. Retire las pesas y el papel y continúe horneando hasta que la costra se dore, de 4 a 5 minutos más. Deje que la costra se enfríe por completo sobre una rejilla. Reduzca la temperatura del horno a 165°C (325°F).

En un tazón grande, combine el puré de calabaza, azúcar mascabado, crema, huevos enteros y yema de huevo, harina, vainilla, canela, nuez moscada, clavos y sal y mezcle hasta que esté suave. Vierta sobre la costra.

Hornee el pie hasta que el relleno esté firme pero el centro aún se mueva ligeramente cuando el molde se agite con cuidado, aproximadamente 50 minutos, o más tiempo si usa un molde de metal. Deje enfriar por completo sobre una rejilla. Sirva a temperatura ambiente o ligeramente frío, cubriendo con la crema batida, si lo desea.

RINDE PARA UN PIE DE 23 CM (9 IN) O 10 PORCIONES

Masa para Pasta Básica (página 113) refrigerada

1 lata (470 g/15 oz) de puré de calabaza

⅔ taza (165 g/5⅓ oz) de azúcar mascabado clara bien compactada

1 taza (250 ml/8 fl oz) de crema espesa

2 huevos grandes enteros, más 1 yema de huevo grande, a temperatura ambiente

4 cucharaditas de harina de trigo

⅔ cucharadita de extracto (esencia)de vainilla

⅔ cucharadita de canela molida

¼ cucharadita de nuez moscada finamente rallada

Una pizca de clavo molido

Una pizca de sal

Crema Batida Dulce (página 113) para acompañar (opcional)

PIE DE MANZANA CON QUESO CHEDDAR

Receta doble de Masa para Pasta Básica (página 113), dividida en 2 discos y refrigerada

1.5 kg (3 lb) de manzanas para hornear (página 13), peladas, descorazonadas y cortadas a lo largo en rebanadas de aproximadamente 6 mm (¼ in) de grueso

⅔ de taza (165 g/5⅓ oz) de azúcar mascabado oscura bien compactada

3 cucharadas de harina de trigo

1¼ cucharaditas de canela molida

¼ cucharadita de nuez moscada recién rallada

Una pizca de clavos molidos

1 cucharadita de extracto (esencia) de vainilla

1 cucharadita de cáscara de naranja rallada fino

Una pizca de sal

8 a 10 rebanadas gruesas de queso Cheddar fuerte

Precaliente el horno a 220°C (425°F). Cubra con papel aluminio una charola de horno con borde.

Espolvoree ligeramente con harina una superficie de trabajo y un rodillo. Extienda la pasta fría para formar un círculo de 35 cm (14 in) de diámetro aproximadamente y de 3 mm (⅛ in) de grueso. Levante y gire la masa varias veces a medida que la extiende para evitar que se pegue, y espolvoree la superficie y el rodillo con más harina si se necesita. Use una raspa o una espátula para betún para despegar el círculo si éste se llegara a pegar.

Cuidadosamente enrolle la masa alrededor del rodillo y colóquela sobre un molde de pie, de 23 cm (9 in), de preferencia de vidrio. Desenrolle la masa y acomode en el molde, presionándola firmemente contra los lados y la base teniendo cuidado de no estirarla. Deje que cuelgue el sobrante alrededor del molde y cubra con plástico. Extienda la masa para formar otro círculo de 35 cm (14 in) y cubra con plástico.

En un tazón grande combine las manzanas, azúcar mascabado, harina, canela, nuez moscada, clavos, vainilla, ralladura y sal. Mezcle hasta integrar por completo.

Destape los círculos de masa. Coloque el relleno de manzana, con el jugo que haya acumulado, dentro del molde forrado con pasta. Barnice la orilla de la masa con agua. Enrolle la costra superior alrededor del rodillo y colóquela sobre el pie. Desenróllela centrándola sobre el relleno. Presione la orilla alrededor del molde, recorte el sobrante a 12 mm (½ in), doble por debajo de sí mismo para hacer una orilla alta sobre el borde y presione con un tenedor para sellarlas las orillas (vea explicación a la derecha). Con un cuchillo mondador, haga 3 cortes sobre la costra superior para ventilar el vapor.

Coloque el pie sobre la charola cubierta con aluminio. Hornee 15 minutos. Reduzca el calor a 180°C (350°F) y continúe horneando hasta que las manzanas se sientan muy suaves al picarlas con un cuchillo a través de los cortes de ventilación y la costra esté dorada, aproximadamente 50 minutos más. Deje enfriar sobre una rejilla. Sirva caliente o a temperatura ambiente y acompañe con rebanadas de queso Cheddar.

RINDE PARA UN PIE DE 23 CM (9 IN) O 8-10 PORCIONES

SELLANDO MASA DE PIE
Las costras de un pie de costra doble se deben sellar juntas para guardar el relleno. Una vez que se haya rellenado la inferior, barnice la orilla de la masa con agua. Enrolle la costra superior alrededor del rodillo y colóquela sobre el pie. Desenrolle con cuidado, centrándola sobre el relleno. Presione las orillas juntas y, con ayuda de unas tijeras de cocina, recorte la costra dejando un sobrante de 12 mm (½ in). Enrolle la masa por debajo de sí misma para formar una orilla elevada que descanse sobre el borde del molde. Selle las orillas presionando con los dientes de un tenedor alrededor de toda la costra.

TARTA DE NUEZ

Espolvoree ligeramente con harina una superficie de trabajo y un rodillo. Extienda la pasta fría para formar un círculo de aproximadamente 33 cm (13 in) de diámetro y 3 mm (⅛ in) de grueso. Levante y gire la masa varias veces a medida que la extiende para evitar que se pegue y espolvoree la superficie y el rodillo con más harina si se necesita. Use una raspa o una espátula para betún para despegar el círculo si éste llegara a pegarse.

Cuidadosamente enrolle la masa alrededor del rodillo y colóquelo sobre un molde para tarta de 24 cm (9½ in) de diámetro, con base desmoldable. Desenrolle la masa y acomode en el molde, presionándola firmemente contra los lados y la base haciendo cuidado de no estirarla. Recorte la orilla, dejando que cuelgue un sobrante de 12 mm (½ in) alrededor del molde. Voltee la sobrante por debajo de sí misma para hacer una orilla doble para reforzar los lados de la costra de la tarta. Congele por lo menos 30 minutos, hasta que la costra esté firme.

Precaliente el horno a 220°C (425°F). Cubra la costra con papel aluminio y coloque pesas para pie, arroz crudo o frijoles secos. Hornee 15 minutos. Retire las pesas y el papel y continúe horneando hasta que la costra se dore, de 4 a 5 minutos más. Deje que enfríe por completo sobre una rejilla. Reduzca la temperatura del horno a 180°C (350°F).

En un tazón combine los huevos, miel de maíz, azúcar mascabado, mantequilla derretida, vainilla y sal. Mezcle hasta integrar por completo Esparza las nueces uniformemente sobre la costra fría de tarta. Vierta la mezcla de huevo cuidadosamente sobre las nueces en forma homogénea, teniendo cuidado de no desordenarlas.

Hornee aproximadamente 30 minutos hasta que el relleno esté firme y ligeramente elevado y el centro aún se mueva levemente cuando se agite el molde con cuidado. Deje enfriar sobre una rejilla. Sirva caliente o a temperatura ambiente, cubriendo con crema batida, si lo desea.

RINDE PARA UNA TARTA DE 24 CM (9 1/2 IN) DE DIÁMETRO U 8 PORCIONES

CONOCIMIENTO DE LAS TARTAS

La mayoría de los moldes para tarta consisten de un círculo de metal sólido que se coloca como base para un arillo con orilla plana o con dobleces, que forma los laterales del molde. Cuando se le pone la masa, la orilla sobrante se dobla hacia adentro y se presiona a los lados, creando un espesor doble que refuerza los lados de la costra de pasta. Esto también eleva los lados ligeramente sobre el borde del molde, para contener mejor el relleno. Después que la tarta se ha horneado y enfriado, coloque el molde sobre la palma de su mano o sobre una lata grande y deje que el arillo se despegue y, posteriormente coloque la tarta en un platón para servir.

Masa para Pasta Básica (página 113) refrigerada

3 huevos grandes, a temperatura ambiente

¾ taza (235 ml/7½ fl oz) de miel de maíz clara

½ taza (125 g/4 oz) de azúcar mascabado clara, bien compactada

3 cucharadas de mantequilla sin sal, derretida y ligeramente fría

1 cucharadita de extracto (esencia) de vainilla

Una pizca de sal

1⅓ cups (170 g/5½ oz) de nueces picadas, tostadas (página 115)

Crema batida dulce s(página 113) para servir (opcional)

PAN DE JENGIBRE

1⅔ taza (235 g/7½ oz) de harina de trigo más otra poca para enharinar

¾ de cucharadita de polvo para hornear

¼ cucharadita de bicarbonato

1½ cucharaditas de jengibre molido

1 cucharadita de canela molida

¼ cucharadita de nuez moscada recién rallada

¼ cucharadita de sal

6 cucharadas (90 g/3 oz) de mantequilla sin sal, a temperatura ambiente, más otra poca para engrasar

½ taza (125 g/4 oz) de azúcar mascabado oscura, bien compactada

2 huevos grandes a temperatura ambiente

1 cucharadita de cáscara de naranja finamente rallada (opcional)

½ taza (170 g/5½ oz) de melaza clara

½ taza (125 ml/4 fl oz) de agua caliente

Crema dulce batida (página 113) para servir

Precaliente el horno a 180°C (350°F). Engrase ligeramente un molde cuadrado para hornear de 20 cm (8 in) y enharine.

En un tazón mezcle la harina, polvo para hornear, bicarbonato, jengibre, canela, nuez moscada y sal hasta integrar por completo. Reserve. En otro tazón, bata la mantequilla y el azúcar mascabado con batidora eléctrica a velocidad media hasta integrar por completo y que esté esponjosa. Agregue los huevos de uno por uno, batiendo bien, hasta integrar por completo. Agregue la ralladura si la usa y bata hasta incorporar. Continúe batiendo al mismo tiempo que agrega la melaza. Espolvoree la mezcla de harina y mueva hasta unir. Añada el agua y mezcle hasta integrar. Vierta en el molde preparado y esparza uniformemente.

Hornee aproximadamente 35 minutos, hasta que se esponje el jengibre y al insertar un palillo de madera en el centro del pastel éste salga limpio. Deje enfriar sobre una rejilla. Corte en cuadros y sirva caliente o a temperatura ambiente con un poco de crema batida.

RINDE PARA UN PASTEL CUADRADO DE 20 CM (8 IN) Ó 9 PORCIONES.

TIPOS DE MELAZA

La melaza espesa es un subproducto del procesamiento del azúcar de caña. Después que el azúcar se ha cristalizado, la miel sobrante se refina en tres etapas o hervidas. La primera resulta una melaza ligera, que es oscura, muy dulce y suave. La siguiente hervida proporciona una melaza oscura, que es más oscura y menos dulce que la ligera. La tercera produce la melaza espesa y con sabor amargo. Casi todas las melazas que se venden hoy en día no contienen azufre. En el pasado se le añadía azufre para aclarar los líquidos de caña durante el procesamiento del azúcar, pero su uso se descontinuó debido a la gran incidencia de reacciones alérgicas.

TRONCO NAVIDEÑO

Precaliente el horno a 180°C (350°F). Engrase una charola para hornear de 39 por 27 cm (15½ x 10½ in) con borde y cubra la base con papel encerado. Engrase y enharine el papel y los lados.

Para hacer el pastel, mezcle la harina, polvo de hornear y sal en un tazón hasta incorporar. En un tazón grande, usando una batidora a velocidad media alta, bata los huevos hasta que estén pálidos y espesos, aproximadamente 3 minutos. Agregue el azúcar granulada y la vainilla y continúe batiendo aproximadamente 3 minutos más, hasta que su volumen se triplique. Espolvoree la mezcla de harina y, usando una espátula de goma, mezcle con movimiento envolvente hasta integrar. Vierta la masa a la charola preparada y esparza uniformemente. Hornee de 13 a 15 minutos o hasta que al tocar ligeramente el pastel, rebote.

Mientras se hornea el pastel, coloque una toalla de cocina limpia sobre la mesa de trabajo y cierna bastante azúcar de repostería (glass) sobre la toalla, cubriéndola uniformemente. Cuando el pastel esté listo, retírelo del horno y despéguelo con ayuda de un cuchillo. Deteniendo el pastel sobre la charola, inviértalo para colocarlo sobre la toalla preparada. Retire la charola y el papel con cuidado. Empezando por la orilla larga, enrolle el pastel junto con la toalla. Coloque sobre una rejilla y deje enfriar.

Para hacer la miel, mezcle el agua y el azúcar granulada en una olla pequeña sobre calor medio y mueva hasta que se disuelva . Deje que suelte el hervor y retire del calor. Integre el ron y deje reposar para enfriar a temperatura ambiente.

Para preparar el betún, combine el chocolate y la crema en la parte superior de un hervidor doble (página 106) (baño maría). Colóquela a fuego lento sobre agua a punto del primer hervor y derrita el chocolate y mueva hasta integrar por completo. Retire del calor y enfríe en el refrigerador, moviendo ocasionalmente hasta que esté frío, aproximadamente 2 horas. Para acelerar este proceso, use un baño de hielo (ver explicación a la izquierda). Cuando la mezcla esté fría, agregue la vainilla y la sal. Usando una batidora a velocidad media alta, bata brevemente la mezcla de chocolate hasta que esté tan firme que se pueda hacer una gota. La mezcla se hará más firme a medida que reposa.

USANDO UN BAÑO DE HIELO

Para enfriar una mezcla más rápidamente que en refrigeración sencilla, coloque en un baño de hielo. Llene un recipiente más grande que el que contiene la mezcla que desea enfriar con ⅓ parte de hielo. Agregue aproximadamente 1 taza (250 ml/8 fl oz) de agua. Coloque el recipiente pequeño en el agua con hielo. El agregar agua al hielo hace que la capacidad de enfriamiento del hielo sea mucho más efectiva. Este mismo principio funciona al enfriar vino: agregue agua a la cubeta de hielo para mantenerlo bien frío.

PARA EL PASTEL:

Mantequilla sin sal para engrasar

1 taza (140 g/4½ oz) de harina de trigo más otra poca para enharinar

¾ cucharadita de polvo para hornear

¼ cucharadita de sal

4 huevos grandes, a temperatura ambiente

⅔ taza (145 g/4⅔ oz) de azúcar granulada

1¼ cucharadita de extracto de vainilla (esencia)

Azúcar de repostería (glass) para espolvorear

PARA LA MIEL:

¼ taza (60 ml/2 fl oz) de agua

¼ taza (50 g/1¾ oz) de azúcar granulada

2 a 3 cucharadas de ron oscuro o licor con sabor a café

PARA EL BETÚN:

315 g (10 oz) de chocolate semi amargo, finamente picado

2¼ tazas (560 ml/18 oz) de crema espesa

1 cucharadita de extracto (esencia) de vainilla

Una pizca de sal

HONGOS DE MERENGUE

Precaliente el horno a 110°C (225°F). Cubra con papel encerado 2 charolas para hornear. Tenga lista una manga de repostería con punta plana (número 6). En un tazón, usando una batidora eléctrica a velocidad media baja bata las claras de huevo con el cremor tártaro hasta que esté muy espumosa. Agregue lentamente el azúcar granulada mientras continúa batiendo. Aumente la velocidad a alta y bata hasta que se formen picos suaves cuando levante las aspas de la batidora. Continúe hasta que las claras formen picos duros y brillantes. Integre el azúcar de repostería sobre las claras y, utilizando una espátula de goma, mezcle con movimientos envolventes hasta integrar por completo.

Pase la mezcla a la manga de repostería. En una charola para horno, coloque 48 troncos con una base de 12 mm (½ in) y una altura de 2 cm (¾ in) estrechándose hasta formar un pequeño punto en su parte superior. Deje una separación de aproximadamente 12 mm (½ in) entre ellos. En la otra charola, coloque 48 montículos de aproximadamente 3 cm (1¼ in) de ancho y 2 cm (¾ in) de alto para los botones, dejando una vez más una separación de 12 mm (½ in) entre ellos. Humedezca la punta de su dedo y con cuidado frote para evitar que haya puntas. Espolvoree con cocoa. Reserve el resto del merengue.

Hornee de 50 a 55 minutos hasta que estén lo suficientemente secos y firmes para levantarlos del papel. Coloque las charolas sobre su mesa de trabajo; voltee los montículos poniendo su parte plana hacia arriba y, con la punta de un cuchillo haga cuidadosamente un pequeño hoyo en la parte plana de cada uno. Ponga un poco del merengue sobrante en los hoyos e inserte los tallos. Regrese al horno alrededor de 15 minutos más, hasta que estén completamente secos. Deje enfriar por completo en las charolas.

Para armar el tronco, desenrolle el pastel y barnice libremente con la miel fría. Usando una espátula para betún, esparza una tercera parte del betún sobre el pastel. Con cuidado vuelva a enrollarlo y colóquelo en una tabla de picar, con la orilla hacia abajo. Embetune la superficie y los lados del rollo con movimientos largos. Usando un cuchillo de sierra, recorte cada orilla formando un ángulo bien marcado. Pase a un platón y adorne con los rizos de chocolate, azúcar de repostería cernida y hongos de merengue. Pase el resto de los hongos de merengue a la mesa para adornar los platos individuales.

RINDE DE 12 A 16 PORCIONES *(Fotografía en la siguiente página)*

BATIENDO CLARAS

Para batir claras de huevo y convertirlas en olas brillantes, empiece tomando un tazón y unos batidores totalmente limpios. Bata las claras a velocidad media baja. Agregue cremor tártaro para ayudar a estabilizar la espuma y aumente la velocidad de la batidora. (Si usa un tazón de cobre que estabiliza naturalmente las claras, omita el cremor tártaro.) Cuando estén suaves y esponjosas pero aún sueltas, agregue lentamente el azúcar. Las claras se harán más espesas y brillantes a medida que usted continúe batiendo. Para probar el grado de dureza levante las aspas. Los picos que quedan en la punta de las aspas caen suavemente hacia un lado cuando las claras están suaves y mantendrán su forma cuando estén firmes.

PERAS POCHÉ CON COULIS DE FRAMBUESA

DESCORAZONANDO PERAS ENTERAS

Las recetas a menudo piden pelar y descorazonar peras enteras, dejando la orilla del tallo intacto. Use un cuchillo pequeño y filoso para pelar, e inmediatamente barnice la fruta con jugo de limón para evitar que la carne se oscurezca al ser expuesta al aire.

Se pueden usar varios instrumentos para descorazonar: una cuchara pequeña con filo como las usadas para la toronja, la punta grande de una cuchara para melón o un descorazonador de manzanas. Trabajando desde la base de la pera, saque las semillas y la membrana, teniendo cuidado de no llegar más allá de los 12 mm (½ in) de la orilla del tallo.

Pele las peras y frote generosamente con la mitad de limón para evitar que se decoloren. Trabajando desde la base, descorazone cada pera dejando el lado del tallo intacto (*vea explicación a la izquierda*). Exprima un poco de jugo de limón en cada cavidad.

Elija una olla profunda con tapa apretada lo suficientemente grande para dar cabida a todas las peras. Combine en la olla el jugo de naranja, agua, azúcar, cáscaras de limón y naranja, vaina de vainilla, clavo, granos de pimienta y sal. Coloque sobre calor medio alto. Deje que suelte el hervor moviendo para disolver el azúcar. Reduzca el calor a medio bajo y agregue las peras peladas. Coloque un círculo de papel encerado del tamaño del diámetro de la olla sobre el líquido y las peras. Cubra con la tapa y hierva a fuego lento de 12 a 18 minutos, hasta que al picar las peras con un cuchillo se sientan suaves. El tiempo de cocción depende de la madurez y el tamaño de la fruta. Para lograr un cocimiento parejo, acomode las peras varias veces durante el cocimiento. Retire del calor y deje que se enfríen por completo dentro del líquido.

Usando una cuchara ranurada, pase las peras a un recipiente y reserve. Retire las cáscaras, clavo y granos de pimienta de la miel y deseche, después remueva la vaina de vainilla y, usando la punta de un cuchillo, raspe sus semillas y coloque en la olla. Hierva sobre calor alto y cocine de 3 a 5 minutos hasta que espese y se convierta en miel. Vierta la miel sobre las peras, cubra el recipiente y refrigere.

Sirva las peras, ligeramente frías sobre un espejo de coulis de frambuesa y bañe con un poco de miel.

Nota: Para este platillo se recomienda usar peras "Bosc" o Bartlett".

RINDE 4 PORCIONES

4 peras pequeñas, firmes pero maduras (vea nota)

½ limón

2½ tazas (625 ml/20 fl oz) de jugo de naranja fresco

2½ tazas (625 ml/20 fl oz) de agua

⅔ de taza (145 g/4⅔ oz) de azúcar

3 tiras de cáscara de limón

3 tiras de cáscara de naranja

½ vaina de vainilla, partida a lo largo

1 clavo entero

4 granos de pimienta

Una pizca de sal

Coulis de frambuesa (página 113) para servir

PUDÍN HORNEADO DE PÉRSIMO

¾ taza (90-125 g/3-4 oz) de mezcla de fruta seca como duraznos picados y pasas amarillas (sultanas) y arándanos

¼ taza (60 ml/2 fl oz) de brandy

¾ taza (95 g/3¼ oz) de harina de trigo

¾ cucharadita de canela molida

½ cucharadita de jengibre molido

¼ cucharadita de sal

Una pizca de clavos molidos

1 huevo a temperatura ambiente

⅔ taza (165 g/5⅓ oz) de azúcar mascabado, bien compactada

⅔ taza (160 ml/5 fl oz) puré de pérsimo "Hachiya"a temperatura ambiente *(vea explicación a la derecha)*

½ taza (125 g/4 oz) de mantequilla sin sal, derretida y fría, más otra poca para engrasar

1½ cucharadita de extracto (esencia) de vainilla

1 cucharadita de ralladura fina de naranja

2 cucharadas de agua caliente

1 cucharadita de polvo de hornear (bicarbonato de sodio)

Agua hervida según se necesite

Crema Dulce Batida (página 113) para servir

En una olla pequeña, coloque la fruta seca con el brandy. Hierva a calor medio, tape y retire del fuego. Deje reposar, moviendo ocasionalmente durante 20 minutos, hasta que la fruta se esponje.

Engrase generosamente un molde para pudín con tapa con capacidad de 5 a 6 tazas (1.25 a 1.5 l/40–48 fl oz) y un pedazo de papel aluminio lo suficientemente grande para cubrir la parte superior del molde. Escoja una olla con una tapa bien apretada lo bastante honda para dar cabida al molde y a una rejilla de alambre para enfriar. Coloque la rejilla en la base de la olla y agregue agua para cubrir solo la rejilla. El agua debe tener 2.5 (1 in) de profundidad. Reserve.

En un tazón, mezcle la harina, canela, jengibre, sal y clavos. En un tazón grande bata el huevo con el azúcar mascabado hasta integrar por completo. Agregue el puré de pérsimo, mantequilla derretida, vainilla y ralladura de naranja y mezcle hasta incorporar por completo. En un tazón pequeño vierta el agua caliente y el bicarbonato. Agregue la mezcla de pérsimo y bata a incorporar. Espolvoree la mezcla de harina y bata hasta integrar por completo. Agregue la fruta seca con el brandy restante.

Vierta la mezcla sobre un molde preparado dejando una superficie lisa. Cubra con el papel aluminio engrasado, colocando la parte engrasada hacia abajo y cierre con la tapa del molde. Coloque sobre la rejilla dentro de la olla; tape y deje que el agua suelte un hervor. Reduzca el calor a bajo o medio bajo y hierva hasta que el pudín esté firme al presionar la tapa, aproximadamente 1¼ hora. Cheque el nivel de agua cada 30 minutos aproximadamente y agregue agua hirviendo según se necesite para mantener el mismo nivel.

Pase con cuidado el molde a una rejilla y deje enfriar hasta que pueda tocarse, aproximadamente 15 minutos. Retire la tapa y el papel. Invierta el molde sobre un platón plano y con cuidado levante el molde. Usando un cuchillo de sierra, corte en rebanadas mientras esté caliente. Deje enfriar a temperatura ambiente si lo desea y sirva con la crema batida.

RINDE 8 PORCIONES

ACERCA DE LOS PÉRSIMOS

Las dos variedades más conocidas son el "Fuyu" y el "Hachiya". El "Fuyu", cuando está maduro, es firme y crujiente, mientras que el "Hachiya", con forma de una bellota grande con un tipo de hoja seca en su parte superior, es bastante suave. Si se come cuando no está maduro, tiene un sabor agrio y astringente. Para esta receta, escoja 2 ó 3 pérsimos "Hachiya" de color naranja brillante cuyas hojas pegadas al tallo se despeguen fácilmente al presionarlas con su dedo. Corte la parte superior y saque la pulpa. Muela ligeramente en un procesador de alimentos y pase por un colador para quitar cualquier fibra dura.

OCASIONES ESPECIALES

No importa cuál sea la celebración: un cumpleaños, un aniversario, una elegante cena, una graduación escolar, célebrela con estilo con un postre que llame la atención. Las recetas en este capítulo no son difíciles, pero tienen personalidad. Escoja entre postres congelados, flameados, hechos en capas o los clásicos. Todos ellos son memorables, tan bonitos a la vista como deliciosos al paladar.

PASTEL CLÁSICO DE CUMPLEAÑOS

BETÚN DE VAINILLA

No a todo mundo le gusta el chocolate y todos debemos obtener lo que queremos en nuestro cumpleaños. Para hacer betún de vainilla bata en un tazón con batidora eléctrica a velocidad media, 1 taza (250 g/8 oz) de mantequilla sin sal a temperatura ambiente, 4 tazas (500 g/1 lb) de azúcar de repostería (glass), ⅓ de taza (80 ml/3 fl oz) de crema espesa, 2¼ cucharaditas de extracto (esencia) de vainilla y ¼ de cucharadita de sal hasta que esté suave. Use inmediatamente. Rinde aproximadamente para 3 tazas (750 g/24 oz). Si lo desea, espolvoree 2 tazas (185 g/6 oz) de coco rallado ligeramente tostado sobre la superficie y lados del pastel embetunado y presione con cuidado.

Precaliente el horno a 180°C (350°F). Engrase ligeramente las bases de dos moldes redondos para pastel de 23 cm de diámetro por 5 cm de alto (9 x 2 in) y cubra con papel encerado (para hornear). Engrase ligeramente el papel y los lados del molde con mantequilla y espolvoree con harina. En un tazón mezcle la harina con el polvo para hornear y la sal hasta integrar por completo. En otro tazón bata con batidora eléctrica a velocidad media la mantequilla hasta que esté suave. Agregue el azúcar granulada poco a poco y continúe batiendo hasta que esté totalmente integrada y esponjosa. Agregue los huevos uno por uno, batiendo después de agregar cada uno, hasta integrar. Añada la vainilla. Agregue la mezcla de harina en 3 tandas alternando con la crema buttermilk dividida en 2 tandas, batiendo a velocidad baja después de cada tanda.

Divida a masa entre los moldes preparados y distribuya uniformemente. Hornee aproximadamente de 25 a 30 minutos, hasta que al insertar un palillo de dientes en el centro del pastel éste salga limpio. Deje enfriar sobre una rejilla durante 15 minutos. Despegue la orilla separando con un cuchillo pequeño alrededor del molde. Invierta sobre la rejilla y levante. Desprenda cuidadosamente el papel encerado y deje que se enfríen por completo las capas de pastel antes de poner el betún.

Para preparar el betún, combine los chocolates en la parte superior de un hervidor doble (página 106) o baño maría. Coloque sobre agua hirviendo a fuego lento y mezcle hasta que se derrita. Deje enfriar ligeramente. En un tazón grande, bata con una batidora eléctrica a velocidad media la mantequilla con el azúcar de repostería hasta que esponje. Integre la miel de maíz, vainilla y sal. Continúe batiendo mientras agrega el chocolate gradualmente hasta que esté suave.

Para armar, quite cualquier miga suelta de las dos capas del pastel. Coloque una capa con su parte superior hacia abajo sobre un platón extendido. Con la espátula para betún, esparza aproximadamente una tercera parte del betún uniformemente sobre la parte superior. Coloque la segunda capa, poniendo su parte superior hacia abajo, sobre la primera capa y presione con cuidado. Unte una capa delgada del betún sobre el pastel completo para sellar cualquier miga y después cubra con el betún restante. Sirva de inmediato o mantenga tapado a temperatura ambiente hasta que esté listo para servirse.

RINDE PARA UN PASTEL DE 23 CM (9 IN) DE DIÁMETRO Ó DE 10 A 12 PORCIONES

2¾ tazas (385 g/12⅓ oz) de harina de trigo, más otro poco para enharinar

1 cucharada de polvo para hornear

¼ cucharadita de sal

¾ taza (185 g/6 oz) de mantequilla sin sal, a temperatura ambiente, más otra poca para engrasar

1¾ taza (380 g/12¼ oz) de azúcar granulada

3 huevos grandes a temperatura ambiente

2 cucharaditas de extracto (esencia) de vainilla

1¼ taza (310 ml/10 fl oz) de crema buttermilk

PARA EL BETÚN:

125 g (4 oz) de chocolate semi amargo, finamente picado

60 g (2 oz) de chocolate sin azúcar, finamente picado

1 taza (250 g/8 oz) de mantequilla sin sal a temperatura ambiente

2 tazas (250 g/8 oz) de azúcar de repostería (glass), cernida

3 cucharadas de miel de maíz clara

1 cucharadita de extracto (esencia) de vainilla

Una pizca de sal

TIRAMISÚ

Precaliente el horno a 180°C (350°F). Engrase ligeramente la base de un molde redondo para pastel de 23 cm (9 in) y cubra con papel encerado. Engrase ligeramente el papel y los lados del molde y espolvoree con harina.

Para hacer el pastel mezcle en un tazón la harina con el polvo para hornear y la sal a integrar por completo. En un tazón grande, usando una batidora eléctrica a velocidad media alta, bata los huevos hasta que estén pálidos y espesos, aproximadamente 3 minutos. Añada el azúcar y la vainilla y continúe batiendo hasta que esté muy espeso y haya triplicado su volumen, aproximadamente 3 minutos más. Espolvoree los ingredientes secos sobre los ingredientes húmedos y, con ayuda de una espátula de goma, mezcle con movimiento envolvente hasta integrar.

Vierta en el molde preparado y esparza uniformemente. Hornee hasta que al tocarlo el pastel rebote ligeramente, aproximadamente 30 minutos. Deje enfriar sobre una rejilla 15 minutos. Con un cuchillo pequeño pase alrededor del molde para despegar el pastel. Invierta a una rejilla para enfriar y levante el molde. Retire el papel encerado con cuidado. Deje enfriar por completo.

Para hacer la miel, combine el agua y el azúcar en una olla pequeña y cocine sobre calor medio, moviendo frecuentemente hasta que se disuelva el azúcar. Deje que suelte el hervor y retire del calor. Integre el licor de café y el café express en polvo. Deje reposar y enfriar a temperatura ambiente.

(Continúa en la siguiente página)

QUESO MASCARPONE

El queso Mascarpone es un queso italiano fresco muy suave y liso hecho de crema. Es un ingrediente esencial en el Tiramisú. Su consistencia recuerda la de la crema agria y es suficientemente espeso para untarse al estar frío, pero lo bastante líquido para verterlo cuando se encuentra a temperatura ambiente. El Mascarpone sobresale por su sabor exquisito y ácido y se vende en las tiendas de alimentos bien surtidas y en las vitrinas de quesos de las tiendas especializadas en alimentos italianos.

Mantequilla sin sal para engrasar

Harina de trigo para enharinar

PARA EL PASTEL:

1 taza (140 g/4½ oz) de harina de trigo

¾ cucharadita de polvo para hornear

¼ cucharadita de sal

4 huevos grandes, a temperatura ambiente

⅔ taza (145 g/4⅔ oz) de azúcar

1¼ cucharadita de extracto (esencia) de vainilla

PARA LA MIEL:

½ taza (125 ml/4 fl oz) de agua

⅓ taza (70 g/2⅓ oz) de azúcar

2 cucharadas de licor de café o ron oscuro

2 cucharaditas de polvo de café express o café instantáneo

PARA EL RELLENO:

6 yemas de huevos grandes

⅓ taza (70 g/2⅓ oz) de azúcar

¼ taza (60 ml/2 fl oz) de licor de café o ron oscuro

1 cucharada de café express instantáneo en polvo o café instantáneo en polvo

½ taza (125 ml/4 fl oz) de crema espesa

1½ tazas (375 g/12 oz) de queso mascarpone

1½ cucharadita de extracto de vainilla

Rizos de chocolate para adornar (página 105)

Cocoa sin endulzante en polvo para adornar

Para preparar el relleno mezcle en un hervidor doble (página 106) las yemas de huevo con el azúcar, licor de café y polvo de café express. Coloque sobre baño maría a calor lento y bata con la batidora a velocidad media hasta que esté muy espeso, aproximadamente 6 minutos. Retire del calor la parte superior del hervidor doble y deje reposar para enfriar, moviendo frecuentemente.

Mientras tanto, en un tazón, bata la crema con batidora eléctrica a velocidad media alta hasta formar picos duros cuando levante las aspas.

Cuando la mezcla de yemas se haya enfriado a temperatura ambiente, agregue el mascarpone y la vainilla. Bata hasta que esté suave e integrado. Usando una espátula de goma, incorpore la crema batida con movimiento envolvente.

Para armar, corte el pastel horizontalmente en 3 capas iguales, (vea explicación a la derecha). Retire la base de un molde desmoldable de 23 cm (9 in), cierre el arillo y póngalo sobre un platón extendido. Coloque una capa de pastel dentro del arillo. Barnice generosamente y esparza con un poco de miel. Cubra con aproximadamente 1¾ taza (430 ml/ 14 fl oz) del relleno sobre la capa y unte de forma uniforme. Coloque otra capa sobre el relleno, presionando con cuidado. Barnice y esparza con más miel. Unte con aproximadamente 1¾ taza del relleno uniformemente sobre esa capa. Acomode la tercera capa encima, presionando con cuidado y vuelva a barnizar con miel. Unte con el resto del relleno para cubrir la superficie. Deteniendo el arillo del molde y el plato juntos, golpee ligeramente contra la mesa para asentar los ingredientes. Cubra con plástico y refrigere por lo menos 6 horas o durante toda la noche.

Para servir, pase un cuchillo delgado alrededor del interior del arillo para despegar el pastel. Abra y retire el arillo. Decore con rizos de chocolate y cierna un poco de cocoa en polvo sobre la superficie. Rebane y sirva.

RINDE PARA UN PASTEL DE 23 CM (9 IN) O DE 12 A 16 PORCIONES

(Fotografía en la siguiente página.)

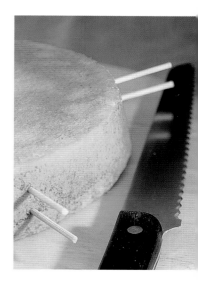

REBANANDO CAPAS DE PASTEL

Para rebanar un pastel en varias capas más delgadas, colóquelo sobre una superficie de trabajo. Ponga una regla contra el lado del pastel e inserte palillos horizontalmente para dividirlo en 3 partes iguales. Repita este proceso con los otros 3 cuadrantes del pastel. Coloque una mano sobre la superficie para detenerlo. Retire el palillo superior de un lado y, con ayuda de un cuchillo de sierra grande y con movimiento lento, corte el pastel en forma paralela a la superficie de trabajo, quitando los palillos cuando el cuchillo llegue a ese punto. Retire la capa superior y repita la operación.

CREPES SUZETTE

Para hacer las crepas combine la leche, harina, huevos, mantequilla derretida, azúcar granulada y sal en una licuadora. Licúe 1 minuto, hasta que esté muy tersa. Vierta la masa por un colador colocado sobre un tazón. Tape y refrigere la masa durante 30 minutos o hasta durante 1 día.

Coloque una sartén para crepas de 20 cm (8 in) sobre calor medio bajo. Engrase ligeramente y vierta 2 cucharadas de la masa. Rápidamente gire la sartén para cubrir la base con la masa. Cocine hasta que la crepa esté dorada en la cara inferior, aproximadamente 1 minuto. Con cuidado voltee la crepa con una espátula. Cocine hasta que empiecen a aparecer puntos cafés por el segundo lado, otros 30 segundos. Pase a un plato y cubra con un pedazo de papel encerado. Repita con el resto de la masa, engrasando la sartén cada vez que sea necesario y colocando un trozo de papel sobre cada crepa. La mezcla debe rendir para 16 crepas en total. Use inmediatamente o tape y refrigere hasta por un día.

Para preparar el relleno, mezcle la mantequilla, azúcar de repostería, licor y ralladura en un tazón hasta que esté tersa. Coloque 1 crepa, con el lado moteado hacia arriba, sobre una superficie de trabajo. Unte con 1½ cucharaditas del relleno sobre la mitad de la crepa. Doble a la mitad sobre el relleno y vuelva a doblar una vez más para formar un triángulo. Repita con el resto de las crepas y relleno. Use inmediatamente o cubra y refrigere hasta por 6 horas.

Para hacer la salsa, vierta el jugo de naranja en una sartén para freír grande y coloque sobre calor medio alto. Deje hervir y cocine hasta que se reduzca a aproximadamente ½ taza (125 ml/ 4 fl oz). Sobre calor medio bajo acomode todas las crepas dobladas en la sartén. Remoje con el jugo de naranja, deje hervir a fuego lento hasta que estén calientes, aproximadamente 1 minuto. Coloque sobre un platón de servicio y espolvoree el azúcar. Vierta el Grand Marnier y el Cognac a una olla pequeña y caliente con cuidado sobre calor bajo. Retire de la estufa y cuidadosamente encienda con un cerillo largo. Vierta el líquido flameado sobre las crepas y sirva inmediatamente, adornando con las tiras de ralladura.

RINDE PARA 16 CREPAS RELLENAS U 8 PORCIONES

PARA LAS CREPAS:

1¼ taza (310 ml/10 fl oz) de leche

1 taza (140 g/4½ oz) de harina de trigo

3 huevos grandes a temperatura ambiente

2 cucharadas de mantequilla sin sal, derretida, más otra poca para engrasar

1 cucharada de azúcar granulada

¼ cucharadita de sal

PARA EL RELLENO:

½ taza (125 g/4 oz) de mantequilla sin sal a temperatura ambiente

⅓ taza (40 g/1⅓ oz) de azúcar de repostería (glass)

1 cucharada de Grand Marnier u otro licor de naranja

1½ cucharaditas de cáscara de naranja finamente rallada, más otras tiras para adornar

PARA LA SALSA:

1¾ taza (430 ml/14 fl oz) de jugo de naranja fresco

2 cucharadas de azúcar granulada

⅓ taza (80 ml/3 fl oz) de Grand Marnier

2 cucharadas de Cognac

MOUSSE CONGELADO DE CÍTRICOS

6 huevos grandes, separados y a temperatura ambiente

1½ taza (330 g/10½ oz) de azúcar más otra poca para espolvorear

¾ taza (180 ml/6 fl oz) de jugo de limón fresco

¼ cucharadita de sal

1 cucharadita de cáscara de limón finamente rallada

1 cucharadita de cáscara de lima finamente rallada

1 cucharadita de cáscara de naranja finamente rallada

Mantequilla sin sal para engrasar

¾ taza (180 ml/6 fl oz) de crema espesa (doble)

En la parte superior de un hervidor doble (página 106) mezcle las yemas de huevo con 1 taza (220 g/7 oz) de azúcar, el jugo de limón y la sal. Coloque sobre baño maría y cocine, moviendo constantemente, hasta que espese lo suficiente para cubrir el reverso de una cuchara, aproximadamente 15 minutos. Retire la sartén del calor e integre las cáscaras. Baje la mezcla adherida a los lados y con cuidado presione plástico adherente directamente sobre la superficie. Refrigere o enfríe en un baño de hielo (página 66), moviendo frecuentemente, hasta que espese.

Mientras se enfría la mezcla de limón, haga lugar en el congelador para poder dar cabida a 6 refractarios individuales con capacidad de ¾ de taza (180 ml/6 fl oz). Haga collares para los refractarios con papel encerado o papel aluminio y pegue a los refractarios (vea explicación a la derecha). Engrase ligeramente los refractarios y los collares. Espolvoree con azúcar. Coloque sobre una charola para hornear y reserve.

Una vez que la mezcla de limón esté bien fría, bata la crema en un tazón profundo, usando una batidora eléctrica a velocidad media alta, hasta que se formen picos firmes al levantar las aspas. Limpie las aspas y, en otro recipiente limpio y profundo, bata las claras de huevo a velocidad media alta a que esté esponjosa. Agregue gradualmente la ½ taza (105 g/3½ oz) restante de azúcar y continúe batiendo hasta que se formen picos firmes cuando se levanten las aspas.

Combine la mezcla fría de limón hasta que esté suave. Usando una espátula de goma, incorpore la crema batida con movimiento envolvente a integrar. Agregue las claras y mezcle cuidadosamente con movimiento envolvente a incorporar. Coloque la mezcla en los refractarios preparados golpeándolos ligeramente contra la mesa para asentar el contenido.

Coloque los refractarios en el congelador durante 30 minutos para asentar el mousse. Tape cuidadosamente con plástico y congele por lo menos 6 horas o durante toda la noche. Antes de servir, retire los collares. Sirva de inmediato.

Nota: Este platillo incluye claras crudas. Para mayor información, vea la página 114

RINDE 6 PORCIONES

COLLARES

Un collar para refractario permite que la mezcla se eleve más que el arillo del plato. Para hacer un collar, mida la circunferencia del molde y corte una tira de papel encerado (para hornear) o papel aluminio 2.5 a 5 cm (1-2 in) más larga que lo que mide ésta y de 15 a 20 cm (6-8 in) de ancho. Doble la tira a la mitad a lo largo, envuelva alrededor del plato, asegurándose que quede 6 cm (2½ in) más arriba de la orilla, y péguelo con cinta autoadherible.

PARFAITS DE CHOCOLATE BLANCO Y FRAMBUESAS

En un tazón, usando una batidora a velocidad media, bata ligeramente el queso mascarpone con la crema espesa hasta que esté suave, aproximadamente 10 segundos. Acomode el chocolate blanco en la parte superior de un hervidor doble (página 106). Coloque sobre baño maría y derrita, moviendo hasta que esté suave. Agregue el chocolate blanco derretido aún caliente a la crema. Bata a velocidad media hasta que se integre y espese ligeramente, aproximadamente 45 segundos. (Si el chocolate blanco forma grumos pequeños, coloque la sartén brevemente sobre agua hirviendo a fuego lento una vez más y después bata hasta dejar suave.)

Prepare seis copas altas para vino con capacidad de 280 ml (9 fl oz). Ponga 2 cucharadas copeteadas de las frambuesas en cada copa. Agregue 2 cucharadas copeteadas de la mezcla de crema sobre las frambuesas. Espolvoree con 1 cucharada copeteada de las galletas trituradas. Repita con capas iguales usando el resto de la fruta, mezcla de crema y galletas, terminando con crema. Debe haber 3 capas de fruta, 3 de crema y 2 de galletas trituradas.

Refrigere por lo menos durante 2 horas o hasta 8 horas (entre más tiempo se enfríe este postre, se suavizarán más las galletas). Adorne con unas frambuesas, galletas trituradas y la menta y sirva de inmediato.

RINDE 6 PORCIONES

AMARETTI

Las Amaretti di Saronno son delicadas galletas italianas con un sabor parecido a las almendras. Vienen empacadas en pares y envueltas en papel de china de colores. Son muy crujientes, ligeras y vaporosas. Para triturarlas, colóquelas en una bolsa de plástico con cierre hermético y triture cuidadosamente con la base de una taza o un rodillo. Tenga cuidado de no triturarlas demasiado pues pueden convertirse en polvo fácilmente. Con pasar el rodillo un par de veces sobre las galletas, tendrán la consistencia perfecta.

1½ taza (375 g/12 oz) de queso mascarpone (página 78)

1 taza (250 ml/8 fl oz) de crema espesa (doble)

125 g (4 oz) de chocolate blanco, picado grueso

3 tazas (375 g/12 oz) de frambuesas, más otras pocas para adornar

18 galletas de "Amaretti di Saronno" *(vea explicación a la izquierda)* **trituradas grueso, más otras pocas para adornar**

Ramas de menta fresca para adornar

PANNA COTTA CON FRESAS

Mantequilla sin sal para engrasar

1½ taza (375 ml/12 fl oz) de leche

4 cucharaditas de grenetina sin sabor en polvo

½ taza (105 g/3½ oz) de azúcar

1½ taza (375 ml/12 fl oz) de crema espesa

1 cucharadita de extracto (esencia) de vainilla

Coulis de frambuesa (página 113) para servir (opcional)

6 fresas grandes, sin tallo y rebanadas finamente a lo largo

Engrase ligeramente 6 refractarios individuales con capacidad de ¾ de taza (180 ml/6 fl oz) o tazones para natilla y coloque sobre una charola para horno pequeña.

Vierta una tercera parte de la leche a una olla y espolvoree con la grenetina. Deje reposar hasta que la grenetina se suavice y se esponje, aproximadamente 3 minutos. Agregue el resto de la leche y el azúcar y coloque la olla sobre calor medio. Cocine, moviendo constantemente, hasta que el azúcar y la grenetina se hayan disuelto. No deje que hierva el líquido. Retire del calor y vierta cuidadosamente la crema y la vainilla hasta integrar.

Divida la mezcla en forma pareja entre los refractarios preparados. Tape con plástico y refrigere hasta que esté bien frío y firme, por lo menos 6 horas o durante toda la noche.

Dos horas antes de servir retire los refractarios del refrigerador. Pase una toalla pequeña bajo el chorro de agua bien caliente. Exprima el agua sobrante. Doble la toalla a la mitad y coloque sobre la mesa. Ponga los refractarios sobre la toalla para ayudarles a despegar sus bases. Cuidadosamente pase un cuchillo delgado alrededor del interior de cada refractario para despegar la natilla. Invierta y desmolde sobre un plato pequeño y plano. Bañe con coulis, si lo desea, y coloque las fresas rebanadas sobre la superficie. Refrigere hasta el momento de servir.

RINDE 6 PORCIONES

USANDO GRENETINA

La grenetina, un producto para espesar sin olor, color ni sabor, derivado de proteína animal, se usa para que muchos mousses, pudines y otros postres moldeados conserven su forma. Actualmente se utiliza menos que en el pasado, por lo que muchos cocineros no conocen esta preparación. Primero suavice la grenetina en un poco de agua fría para ayudar a disolverse de forma uniforme al combinarse con el resto de los ingredientes en una receta. Una vez que se haya suavizado, combínela con más líquido y caliente para activar su facultad para cuajar. (No permita que la grenetina hierva o no cuajará). Por último, deje enfriar la mezcla para que la grenetina haga su labor.

TRIFLE

En un tazón mezcle las yemas de huevo con ⅓ de taza de azúcar y la fécula de maíz hasta que estén pálidas y bien integradas. Vierta la crema en una olla pequeña y hierva sobre calor medio. Agregue gradualmente, sin dejar de mover, la crema caliente a la mezcla de huevo. Regrese a la olla y cocine sobre calor medio bajo, moviendo constantemente, cerca de 4 minutos hasta que suelte el hervor y espese bastante. Pase a un tazón limpio y añada la vainilla. Baje la mezcla adherida a las paredes de la olla y presione con cuidado directamente sobre la superficie con un plástico adherente para evitar que se forme nata. Refrigere hasta que esté bien frío, por lo menos 2 horas o hasta toda la noche.

En un recipiente grande, mezcle la fruta, el ron, la ralladura y las 2 cucharadas restantes de azúcar hasta integrar por completo. Corte cada rebanada de panqué en 8 trozos. Coloque la mitad en el fondo de un tazón de servicio con capacidad para 2½ l (2½ qt). Con una cuchara coloque la mitad de la fruta y la misma cantidad de su jugo sobre el panqué. Vierta la mitad de la natilla fría sobre la fruta. Repita la operación. Cubra con plástico adherente y refrigere por lo menos 4 horas o hasta durante 1 día.

Justo antes de servir, cubra con crema batida y adorne con las almendras tostadas.

RINDE 10 PORCIONES

MANEJANDO BERRIES O
FRUTA SILVESTRE
Estas frutas necesitan manejarse con cuidado. Por ser tan delicadas, cómprelas cuando planee servirlas y no las lave con anticipación. Cuando esté listo para usarlas, lávelas y colóquelas sobre toallas de papel puestas sobre charolas para hornear. Déjelas secar sin tapar o séquelas suavemente con otra toalla de papel. Si le sobran y no las va a utilizar de inmediato, congélelas colocándolas en una sola capa sobre una charola para hornear. Cuando estén duras, puede congelarlas hasta por 6 meses poniéndolas en una bolsa de plástico para alimentos u otro tipo de recipiente.

4 yemas de huevos grandes, a temperatura ambiente

⅓ taza (70 g/2⅓ oz) más 2 cucharadas de azúcar

2 cucharaditas de fécula de maíz (maizena)

2 tazas (500 ml/16 fl oz) de crema espesa (doble)

1 cucharadita de extracto (esencia) de vainilla

6 tazas (750 g/1½ lb) de mezcla de berries o frutas silvestres como frambuesas, zarzamoras, moras y fresas partidas a la mitad

3 cucharadas de ron oscuro o jerez dulce

1 cucharadita de ralladura de limón

6 rebanadas de panqué (página 33) de 12 mm (½ in) de grueso

Crema Dulce Batida (página 113) para servir

⅓ taza (75 g/1½ oz) de almendras rebanadas (hojuelas), tostadas (página 115)

TENTACIÓN DE CHOCOLATE

Los amantes del chocolate pueden entender que no se trata de algo común. Una simple mordida de buen chocolate puede ser reconfortante, alentadora y hasta una fuente de inspiración. Los postres en este capítulo van desde lo sencillo hasta lo sofisticado, pero todos son sumamente tentadores ya que tienen un delicioso sabor a chocolate. No trate de escoger entre las galletas y los pudines, los pasteles o los dulces. Siga adelante y pruébelos todos.

MOUSSE DE CHOCOLATE

En la parte superior de un hervidor doble (baño maría) combine el chocolate, mantequilla, licor, agua y café express en polvo, si lo usa, y ponga a baño maría (página 106). Caliente sobre calor bajo y derrita moviendo hasta que quede brillante y pareja. Retire del fuego y agregue las yemas de huevo una a una moviendo cada vez, hasta integrar por completo. Añada la vainilla y combine hasta que la mezcla esté una vez más brillante y tersa. Deje reposar para enfriar, moviendo frecuentemente con una espátula de goma, hasta entibiar, aproximadamente 10 minutos.

En un tazón, bata la crema a velocidad media hasta que se formen picos medio firmes al levantar las aspas. Reserve. Limpie las aspas perfectamente y, en otro tazón mezcle las claras y la sal. Bata a velocidad media alta hasta que se formen picos suaves. Agregue el azúcar gradualmente y continúe batiendo hasta que esté brillante y se formen picos firmes.

Con una cuchara pase la crema batida al tazón con la mezcla de chocolate y, usando una espátula de goma, una con movimiento envolvente hasta que aparezcan largas líneas de chocolate. Añada las claras y continúe envolviendo hasta que la mousse se integre.

Pase a tazones individuales o a un platón grande para servir. Tape con plástico adherente y refrigere por lo menos durante 4 horas o por toda la noche. Sirva frío adornando con crema batida, rizos de chocolate blanco y/o frambuesas, si lo desea.

Nota: Esta receta incluye claras de huevo crudas. Para más información vea la página 114.

RINDE DE 6 A 8 PORCIONES

MEZCLANDO CON MOVIMIENTO ENVOLVENTE

Al proceso por el cual se integran dos mezclas (o ingredientes) de densidad diferente sin perder su volumen o consistencia se le conoce como combinar con movimiento envolvente. Coloque la mezcla más ligera sobre la más pesada y, utilizando una espátula de goma, empuje a través de las dos hasta llegar al fondo del tazón. Usando un movimiento circular, eleve la espátula por el extremo contrario a donde está usted, levantando un poco de la mezcla del fondo del tazón y uniendo con "movimiento envolvente" colocándola sobre la mezcla superior. Gire ligeramente el tazón y repita. Continúe hasta integrar, por lo general de 6 a 7 veces, teniendo cuidado de no mezclar demasiado y hacer que se baje.

250 g (8 oz) de chocolate semi amargo, finamente picado

¼ taza (60 g/2 oz) de mantequilla sin sal, cortada en 3 trozos iguales

3 cucharadas de licor o alguna bebida como Kalhúa, brandy o ron oscuro

2 cucharadas de agua

1 cucharadita de café express instantáneo en polvo (opcional)

4 huevos grandes, separados a temperatura ambiente

1 cucharadita de extracto (esencia) de vainilla

¾ taza (180 ml/6 fl oz) de crema espesa (doble)

Una pizca de sal

¼ taza (50 g/1¾ oz) de azúcar

Crema dulce batida (página 113), rizos de chocolate blanco (página 105) y/o frambuesas para adornar (opcional)

TARROS DE CREMA DE CHOCOLATE

1⅓ taza (340 ml/11 fl oz) de crema espesa (doble)

1⅓ taza (340 ml/11 fl oz) de leche

6 oz (185 g) de chocolate semi amargo, finamente picado

1 cucharada de café express o café instantáneo en polvo

6 yemas de huevos grandes

¼ taza (50 g/1¾ oz) de azúcar

Precaliente el horno de 150°C (300°F). Prepare 6 refractarios individuales con capacidad de 3/4 de taza (180 ml/6 fl oz) y una charola para asar poco profunda.

En una olla vierta la crema, leche, chocolate picado y café express en polvo y cocine sobre calor medio bajo, moviendo frecuentemente hasta que se derrita el chocolate y el líquido esté caliente. No deje que hierva. Retire del calor.

En un tazón, mezcle las yemas con el azúcar hasta integrar por completo. Moviendo constantemente, vierta gradualmente la mezcla de chocolate a la de yemas. Cuele la natilla y vierta en una jarra de medir de vidrio con capacidad de 4 tazas (1 l/32 fl oz). Con una cuchara grande retire la nata o burbujas que se formen en la superficie

Divida la natilla uniformemente entre los refractarios. Colóquelos sobre la charola para asar y vierta agua muy caliente en la charola que cubra hasta la mitad de los refractarios. Tape con papel aluminio.

Hornee de 55 a 60 minutos, hasta que estén firmes pero sus centros aún se muevan cuando se agiten cuidadosamente los refractarios. Retire del horno y deje los refractarios reposando en el agua hasta que se enfríen lo suficiente para poder agarrarlos. Tape y refrigere hasta que estén bien fríos, por lo menos 2 horas o por toda la noche. Sirva fríos.

RINDE 6 PORCIONES

USANDO BAÑO DE AGUA

Los alimentos delicados como las natillas, pudines y mousses se protegen del fuerte calor del horno al colocarlos en un baño de agua, también conocido como baño maría. Existen charolas especiales pero se puede acondicionar una fácilmente con lo que tenga a la mano. Todo lo que necesita es una charola poco profunda para colocar el platón o los platos que contengan la comida. Una vez que los platos estén en la charola, agregue agua caliente hasta cubrir la mitad de los lados del o los recipientes, o según lo que se especifique en cada receta. Algunas veces la receta le pedirá que cubra la charola. Los alimentos se cocinarán suave y uniformemente en el baño de agua sin sobrecalentarse.

TRUFAS DE PISTACHE

En la parte superior de un hervidor doble (pagina 106) combine el chocolate picado y la crema. Caliente a baño maría y derrita el chocolate y mezcle hasta que esté brillante y tersa. Retire del calor y deje enfriar hasta que esté tibio, aproximadamente 5 minutos, moviendo de vez en cuando. Agregue los trozos de mantequilla moviendo hasta que esté suave e integrado por completo. Añada la crema agria, vainilla y sal y mezcle hasta integrar. Deje enfriar, moviendo ocasionalmente, hasta que el chocolate mantenga su forma cuando se vierta a cucharadas, aproximadamente 40 minutos.

Prepare una charola para horno con papel aluminio o papel encerado. Prepare una manga de repostería con una punta plana de 12 mm (½ in). Llene la manga con la mezcla de chocolate (vea explicación a la izquierda) y haga montículos de 2.5 cm (1 in) sobre la charola. Con un dedo húmedo alise cualquier punta saliente. Congele las trufas hasta que estén muy firmes, aproximadamente 1½ hrs.

Coloque los pistaches picados en un tazón pequeño. Retire algunas trufas del congelador. Ruede cada trufa en los pistaches, presionando para cubrir. No se preocupe si presentan formas irregulares: estas trufas no tienen que ser perfectamente redondas. Las trufas deben servirse ligeramente frías. Tape y refrigere hasta que esté listo para servir.

Si lo desea, cierna un poco de azúcar de repostería sobre las trufas justo antes de servir.

RINDE 2 DOCENAS DE TRUFAS DE 2.5 CM (1 IN)

USANDO UNA MANGA DE REPOSTERÍA

Para esta receta escoja una manga de repostería de aproximadamente 30 cm (12 in) de largo y ármela con una punta de 12 mm (½ in). Justo arriba de la punta, dé varias vueltas a la manga y empújela sobre la punta para cerrar la abertura mientras la llena. Doble la parte superior de la manga para formar un puño de 7.5 cm (3 in). Pase una mano por debajo del puño para detener la manga y coloque la mezcla, llenándola hasta la mitad. Desdoble el puño y de vuelta a la parte superior hasta que la manga esté tensa y la punta esté llena. Detenga la punta en un ángulo de 45 grados sobre la charola y apriete haciendo presión uniforme.

125 g (4 oz) de chocolate semi amargo, finamente picado

⅓ taza (80 ml/3 fl oz) de crema espesa (doble)

2 cucharadas de mantequilla sin sal, a temperatura ambiente, cortadas en 4 piezas iguales

1 cucharada de crema agria

¼ cucharadita de extracto (esencia) de vainilla

Una pizca de sal

1 taza (125 g/4 oz) de pistaches sin sal picados medio fino

Azúcar de repostería (glass) para adornar (opcional)

GALLETAS DE CHISPAS DE CHOCOLATE DOBLE

30g (1 oz) de chocolate sin endulzante, picado grueso

1 taza (140 g/4½ oz) de harina de trigo

1½ cucharaditas de polvo para hornear

¼ cucharadita de sal

6 cucharadas (90 g/3 oz) de mantequilla sin sal, a temperatura ambiente

2 cucharadas de manteca vegetal

⅔ taza (165 g/5⅓ oz) de azúcar mascabado clara, bien compacta

¼ taza (60 g/2 oz) de azúcar granulada

1 huevo grande, a temperatura ambiente

1 cucharadita de extracto (esencia) de vainilla

1 taza (185 g/6 oz) de chispas de chocolate semi amargo o semi dulce (simple)

½ taza (60 g/2 oz) de nueces picadas (opcional)

Precaliente el horno a 180°C (350°F) y forre con papel encerado 2 charolas para horno.

Coloque el chocolate picado en la parte superior de un hervidor doble (página 106), y derrita a baño maría, moviendo hasta que esté suave. Deje reposar para enfriar.

En un tazón, mezcle la harina con el polvo de hornear y la sal hasta integrar. En otro tazón, usando una cuchara de madera bata la mantequilla con la manteca, azúcar mascabado y azúcar granulada hasta unir por completo y obtener una consistencia esponjosa. Integre el chocolate derretido y bata. Agregue el huevo y la vainilla y mezcle hasta integrar. Añada los ingredientes secos y mezcle. Agregue las chispas de chocolate y las nueces, si las usa, y continúe mezclando hasta combinar por completo.

Coloque cucharadas soperas de la masa sobre las charolas preparadas, dejando una distancia de 4 cm (1½ in) entre ellas. Hornee colocando primero una charola, hasta que se esponjen pero se vean húmedas en su superficie, aproximadamente 15 minutos. Deje que se enfríen sobre rejillas a temperatura ambiente. Sirva inmediatamente o guarde en recipientes al vacío por hasta 3 días.

RINDE 2 DOCENAS DE GALLETAS

MANTECA VEGETAL

Estas galletas, como muchos alimentos horneados, requieren tanto mantequilla como manteca vegetal. Cuando se prepara masa para galletas únicamente con mantequilla, se extienden sobre la charola dentro del horno caliente bastante rápido, porque la mantequilla se derrite a una temperatura más baja que la manteca. Las galletas hechas con una combinación de mantequilla y manteca se extienden más despacio, dando como resultado galletas con un contorno más espeso y esponjoso.

PASTEL BOCADO DE DIABLO CON BETÚN DE FUDGE

CONOCIMIENTO DEL BETÚN

Si la costra de una capa de pastel se ve dura o si está dispareja rebánela con un cuchillo de sierra antes de embetunar. Para evitar que la superficie cortada deje migas y eche a perder el betún, espárzalo con una capa delgada de betún (llamado la capa de migas) antes de poner el betún final. Para mantener el platón limpio mientras embetuna, coloque tiras de papel encerado de 10 cm (4 in) de ancho en forma de cuadro para cubrir las orillas. Centre el pastel sobre el platón, asegurándose que las tiras estén colocadas de tal forma que cubran todas las orillas. Embetune el pastel y al terminar jale cuidadosamente las tiras y deseche.

Precaliente el horno a 180°C (350°F). Engrase ligeramente la base de dos moldes redondos para pastel de 23 cm (9 in) de diámetro por 5 cm (2 in) de alto y cubra con papel encerado. Engrase el papel y los lados del molde y enharine. En un tazón grande, cierna la harina con la cocoa, polvo de hornear levadura de sodio y sal. En otro tazón grande, bata la mantequilla a velocidad media hasta suavizar. Agregue el azúcar mascabado y continúe batiendo hasta que esponje. Integre la vainilla y bata. Agregue los huevos uno por uno, batiendo cada vez. Añada la mezcla de harina en 3 tandas alternándolas con la crema buttermilk en 2 tandas, batiendo a velocidad media después de cada tanda.

Divida la masa entre los moldes preparados y esparza uniformemente. Golpee suavemente los moldes sobre la mesa para disipar las bolsas de aire. Hornee hasta que al insertar un palillo de madera en el centro de un pastel éste salga limpio, de 25 a 30 minutos. Deje enfriar sobre una rejilla 15 minutos. Pase un cuchillo pequeño alrededor del interior de los moldes para despegar las capas. Invierta sobre una rejilla y levante los moldes, después retire cuidadosamente el papel encerado. Deje que las capas se enfríen por completo antes de embetunar.

Para preparar el betún, combine el chocolate y la crema espesa en la parte superior de un hervidor doble (página 106). Coloque a baño maría hasta que se derrita el chocolate y mezcle hasta unir por completo. Deje enfriar ligeramente. Agregue la crema agria y la sal y mezcle hasta integrar. Reserve, moviendo ocasionalmente, hasta que esté a temperatura ambiente. Mezcle el betún brevemente hasta que aclare su color y esté lo suficientemente espeso para untarse.

Para armar, retire cualquier miga suelta de las dos capas. Sobre un platón extendido coloque una capa de pastel, con su parte superior hacia abajo. Con la espátula para embetunar, esparza aproximadamente una tercera parte del betún sobre la superficie. Coloque la otra capa, con su parte superior hacia abajo, sobre la primera y presione suavemente. Unte una capa delgada de betún sobre el pastel entero para sellar cualquier miga, después cubra con una capa más gruesa con el betún sobrante. Sirva de inmediato o mantenga tapado a temperatura ambiente hasta que esté listo para servirse.

RINDE PARA UN PASTEL DE 23 CM (9 IN) O DE 10 A 12 PORCIONES

2⅓ tazas (330 g/10½ oz) de harina de trigo, más otra poca para enharinar

1 taza (90 g/ 3 oz) de polvo de cocoa sin endulzantes cernido

1½ cucharaditas de polvo para hornear

½ cucharadita de levadura (bicarbonato de sodio)

½ cucharadita de sal

¾ taza (185 g/6 oz) de mantequilla sin sal, a temperatura ambiente, más otra poca para engrasar

2 tazas (500 g/1 lb) de azúcar mascabado clara bien compacta

2 cucharaditas de extracto (esencia) de vainilla

4 huevos grandes, a temperatura ambiente

1½ taza (375 ml/12 fl oz) de crema buttermilk a temperatura ambiente

PARA EL BETÚN:

375 g (12 oz) de chocolate semi amargo, finamente picado

1¾ taza (430 ml/14 fl oz) de crema espesa (doble)

½ taza (125 g/4 oz) de crema agria

Una pizca de sal

PASTEL DE QUESO AL CHOCOLATE

PARA LA COSTRA:

1½ taza (140 g/4½ oz) de galletas de chocolate molidas (de aproximadamente 30 galletas crujientes de chocolate)

3 cucharadas de azúcar

¼ taza (60 g/2 oz) de mantequilla sin sal, derretida

PARA EL RELLENO:

250 g (8 oz) de chocolate semi amargo, finamente picado

3 paquetes (250 g/8 oz cada uno) de queso crema, a temperatura ambiente

3 cucharadas de harina de trigo

¼ cucharadita de sal

¾ taza (160 g/5¼ oz) de azúcar

¼ taza (60 g/2 oz) de crema agria, a temperatura ambiente

1½ cucharadita de extracto (esencia) de vainilla

3 huevos grandes a temperatura ambiente

Rizos de chocolate para adornar (vea explicación a la derecha)

Para hacer la costra, precaliente el horno a 200°C (400°F). Engrase ligeramente un molde desmoldable de 23 cm (9 in). En un tazón, combine las galletas molidas, azúcar y mantequilla derretida. Mezcle hasta integrar por completo y que las galletas molidas estén uniformemente húmedas. Vierta en el molde y presione de forma pareja sobre la base y aproximadamente hasta 4 cm (1½ in) de alto en los lados del mismo (página 18). Hornee hasta que esté firme, aproximadamente 10 minutos. Deje enfriar sobre una rejilla. Reduzca la temperatura del horno a 150°C (300°F).

Para preparar el relleno, coloque el chocolate en la parte superior de un hervidor doble (página 106) a baño maría hasta que se derrita el chocolate y retire del calor moviendo hasta que esté suave. Deje reposar para enfriar.

En un tazón grande, mezcle el queso crema, harina y sal. Usando una batidora a velocidad media alta, bata hasta que esté muy suave y esponjoso, deteniéndose frecuentemente y raspando hacia abajo la mezcla que quede en los lados del tazón. Agregue el chocolate, azúcar, crema agria y vainilla. Bata hasta unir por completo raspando una vez más los lados. Añada los huevos uno por uno, batiendo cada vez hasta integrar. Vierta en la costra y esparza de manera uniforme.

Hornee de 60 a 70 minutos, hasta que el relleno esté firme pero el centro todavía se mueva un poco cuando se agite el recipiente suavemente (se tornará más firme a medida que se enfríe). Las orillas estarán ligeramente esponjadas. Deje enfriar sobre una rejilla a temperatura ambiente. Tape y refrigere hasta que esté bien frío (es mejor durante toda la noche).

Para servir, abra el molde y retire su orilla, corra un cuchillo delgado y largo entre las bases del molde y la costra. Pase el pastel cuidadosamente a un platón extendido. Corte en rebanadas usando un cuchillo delgado, remojando el cuchillo en agua caliente y limpiando cada vez que parta. Adorne cada rebanada con rizos de chocolate y sirva.

RINDE PARA UN PASTEL DE QUESO DE 23 CM (9 IN) O 16 PORCIONES

RIZOS DE CHOCOLATE

Para hacer rizos decorativos de chocolate use un pelador de verduras para rasurar la orilla (para rizos delgados) o el lado (para rizos anchos) de una barra de chocolate. Entre más grande sea el trozo de chocolate los rizos serán más anchos. Para lograr rizos largos y atractivos en vez de rasuradas cortas y tiesas, el chocolate debe estar a temperatura ambiente o aún ligeramente más caliente. Trate primero frotando el chocolate con la palma de su mano o en caso de trozos más grandes, coloque en el microondas, a temperatura baja durante aproximadamente 5 segundos y repita según sea necesario. Refrigere los rizos hasta que esté listo para usarlos, o mantenga a temperatura ambiente durante un período de tiempo corto.

PASTELES CALIENTES DE CHOCOLATE DERRETIDO

Precaliente el horno a 200°C (400°F). Engrase ligeramente seis refractarios individuales con capacidad de ¾ de taza (180 ml/6 fl oz) y espolvoree con cocoa. Coloque los refractarios sobre una charola para hornear pequeña.

En la parte superior de un hervidor doble *(vea explicación a la izquierda)*, combine el chocolate y la mantequilla. Coloque a baño maría y derrita, mezcle hasta que esté brillante y tersa. Retire del calor e incorpore la vainilla y la sal, deje reposar para enfriar ligeramente.

En un tazón grande bata a velocidad media alta las yemas de huevo con la mitad del azúcar, las 2 cucharadas de cocoa y la ralladura, si la usa, hasta que espese. Con una cuchara pase la mezcla de chocolate a la mezcla de yemas y bata hasta incorporar por completo. Espesará bastante.

En un tazón, usando aspas limpias, bata las claras de huevo a velocidad media alta hasta que estén muy espumosas y espesas. Espolvoree el azúcar sobrante y aumente la velocidad a alta. Continúe batiendo hasta que se formen picos brillantes y firmes. Con una cuchara pase la mitad de las claras batidas a la mezcla de chocolate y combine hasta integrar. Agregue las claras restantes y mezcle suavemente hasta integrar. Con una cuchara pase a los refractarios individuales preparados, repartiéndolo de forma uniforme.

Hornee los pasteles hasta que esponjen y se agrieten sus superficies, 13 minutos. El interior de las grietas se verá muy húmedo. Retire del horno y sirva de inmediato en los refractarios. O, si lo desea, pase un cuchillo pequeño alrededor del interior de cada refractario para despegar e invierta a platos individuales. Sirva con un rocío de coulis de frambuesa o crema inglesa, si lo desea.

Variación: Si desea que sus pasteles de chocolate derretido tengan bases y bordes crujientes, espolvoree los refractarios engrasados con azúcar superfina (caster) en vez del polvo de cocoa.

RINDE 6 PORCIONES

HERVIDORES DOBLES
Un hervidor doble cocina los alimentos suavemente sobre la estufa. Consiste de dos ollas colocadas una dentro de la otra. Se puede encontrar fácilmente en las tiendas, pero puede hacer uno usted mismo (vea foto superior). Escoja una olla y un recipiente térmico que pueda detenerse con seguridad dentro de ella. Llene la olla con agua hasta llegar a una altura de 2.5 a 5 cm (1–2 in). Una vez que el recipiente se coloque sobre la olla el agua no debe tocarla. Recuerde que el agua al hervir burbujea, por lo que debe verificar el nivel del agua antes de poner el recipiente en su lugar. Deje que el agua hierva, coloque el recipiente dentro de la olla y reduzca la temperatura para que el agua hierva suavemente a fuego lento.

250 g (8 oz) de chocolate semi amargo, finamente picado

¼ taza (60 g/2 oz) de mantequilla sin sal, cortada en trozos, más otra poca para engrasar

1 cucharadita de extracto (esencia) de vainilla

Una pizca de sal

4 yemas de huevos grandes

6 cucharadas (75 g/2½ oz) de azúcar

2 cucharadas de polvo de cocoa procesada estilo holandés (página 114), cernida más otra poca para espolvorear

1 cucharadita de ralladura fina de naranja (opcional)

3 claras de huevos grandes, a temperatura ambiente

Coulis de frambuesa (página 113) o Crema Inglesa (página 113) para acompañar (opcional)

TEMAS BÁSICOS SOBRE POSTRES

Cualquier ocasión puede convertirse en algo especial con un postre hecho en casa. Las recetas contenidas en este libro pueden adornar una celebración de cumpleaños, convertirse en un delicioso final para una cena o iluminar una tarde lluviosa. Sea cual fuera la ocasión, un pastel, una tarta o unas galletas recién horneadas son siempre irresistibles y todos darán una gran bienvenida a un dulce; razón suficiente para llenar de orgullo a cualquier cocinero. A continuación presentamos algunos de los consejos básicos para preparar diferentes postres.

PREPARÁNDOSE

Antes de empezar a preparar cualquier receta y, especialmente si ésta es de horno, es recomendable leer todas las indicaciones. Asegúrese de entender todos los pasos y tener todos los ingredientes y herramientas a la mano. A continuación, reúna y prepare todos sus ingredientes. (El término francés para esta preparación por adelantado es "mise en place", o sea "colocando en el lugar"). Para las recetas de postres, ésto puede significar precalentar el horno, engrasar o empapelar una sartén o molde y tener todos los ingredientes, tanto líquidos como sólidos ya medidos en recipientes o tazones delante de usted, según lo indique cada receta.

Algunas recetas requerirán ingredientes a diferentes temperaturas. Por ejemplo, la mantequilla debe estar a temperatura ambiente si va a hacer galletas, pero deberá estar muy fría si va a hacer masa para pastas. También esté consciente que los huevos frescos recién sacados del refrigerador se pueden separar más fácil, mientras que los que están a temperatura ambiente suben con más facilidad.

MIDIENDO

Al medir los ingredientes es indispensable hacerlo con exactitud para lograr la química exacta del horneado. Deberá contar con tazas de medir para ingredientes secos así como para líquidos, que son diferentes. Las tazas para medir ingredientes secos consisten en un juego de tazas agrupadas unas dentro de otras, generalmente hechas de plástico o acero inoxidable. Una vez que ha llenado la taza con el ingrediente seco, use el reverso de un cuchillo para nivelarlo al ras de la taza quedando así la cantidad exacta. Las tazas para medir líquidos parecen jarras y generalmente están hechas de vidrio o plástico transparente. Cuando mida un líquido, coloque la taza sobre una superficie plana, deje que el líquido se asiente y lea al nivel de su ojo.

Ciertos ingredientes requieren cuidado especial para su medición así, el azúcar mascabado debe apretarse tanto en la taza que al sacarla mantenga la forma de la taza. Si moja una taza ligeramente con agua fría antes de medir algún ingrediente pegajoso como miel o melaza, podrá vaciarlo más fácilmente. Algunas recetas a veces piden que se cierna la harina o el azúcar para repostería (azúcar glass) ya sea antes o después de medirla, para ventilarla.

CONOCIMIENTO DEL HORNO

Es importante también que el nivel de calor sea exacto cuando se hornea. Use un termómetro de horno para determinarla con exactitud. Si el horno está apagado deberá marcar de 5° a 10°C (25° a 50°F). De no ser así, ajuste la perilla de acuerdo a esta temperatura.

La mayoría de las recetas están diseñadas para hornear sobre rejillas de horno lo más cerca del centro que se pueda. Si va a hornear un postre como galletas o un pastel en capas que no cabe en una sola, coloque las rejillas tan cerca del centro del horno como le sea posible.

No abra la puerta del horno hasta que sea la hora de revisar su cocimiento. Cada vez que se abre la puerta del horno se escapa bastante calor. También, si se cierra fuerte puede hacer que se bajen algunos postres delicados como son ciertos pasteles o soufflés. Revise entre 8 y 10 minutos antes que el postre esté supuestamente listo.

GALLETAS

En este libro se incluyen dos tipos de galletas: en gota, como las Galletas con Chispas de Doble Chocolate (página 101); y en barra, como los Brownies (página 30) y los Cuadros de Limón (página 37).

ACREMANDO LA MANTEQUILLA

Las recetas para preparar pasta para galletas o masa para pastel generalmente empiezan acremando la mantequilla. Esto significa que la mantequilla debe batirse hasta que su color se aclare, aumente su volumen y esté lo más suave y esponjosa que sea posible. Al acremar la mantequilla se llena de aire y obtiene una consistencia ligera. Esto tomará de 3 a 4 minutos al hacerse con una batidora eléctrica, o más tiempo si se bate a mano con una cuchara de madera.

DANDO FORMA A LAS GALLETAS

Para hacer galletas de gota, tome una cucharada llena de la masa y use otra cuchara para vaciarla sobre una charola de horno, dejando un espacio de 4 cm (1½ in) entre cada galleta. No coloque demasiadas galletas sobre una charola en la misma tanda.

Si va a hornear más de una charola de galletas al mismo tiempo, es recomendable cambiar las charolas de hornear de la rejilla superior a la inferior y voltearlas de atrás hacia adelante a la mitad del tiempo de cocimiento para asegurarse que obtengan un dorado uniforme.

PIES Y TARTAS

Ya sea que se rellene con fresas frescas o con una dulce natilla, uno de los elementos más importantes para hacer un pie o una tarta es lograr una costra frágil y ligera. Generalmente los pies se hornean en un molde con lados inclinados y pueden llevar costra tanto en su base como en su superficie. Las tartas se hornean en un molde diferente, con lados rectos y casi siempre tendrá costra únicamente en su base. Una receta para la Masa de Pasta Básica se presenta en la página 113 y puede utilizarse en las recetas para pie o tarta que se presentan a lo largo de este libro.

CORTANDO LA MANTEQUILLA

La textura frágil de la pasta para pie y tarta resulta del corte adecuado de la mantequilla y/o cualquier otra grasa que se agregue a la harina. La grasa se corta del tamaño de pequeños chícharos o alimento picado rebanándolo varias veces con un mezclador de pasta o con la ayuda de dos cuchillos. La grasa debe estar fría en el momento de empezar y trabajarse lo más rápidamente posible para prevenir que se caliente y se suavice. Los pequeños pedazos de grasa fría que quedan en la pasta extendida se derretirán una vez que se hornee el pie, soltando vapor y creando capas de aire dentro de la costra.

EXTENDIENDO LA COSTRA

Para extender la pasta, use sus manos para darle la forma de un disco plano y redondo y refrigérela para que "repose" y evitar que se encoja. Coloque el disco sobre una superficie de trabajo y amase con un rodillo para aplanarla y extenderla un poco. Antes de extender su pasta, espolvoree ligeramente con harina sobre la superficie de trabajo y sobre el rodillo. Agregue harina debajo de la pasta y sobre el rodillo a medida que la trabaje, para prevenir que se pegue. En la página opuesta se muestran los pasos básicos para extender una costra:

1 **Extendiendo la pasta:** Coloque el rodillo en el centro del disco y extienda la pasta de adentro hacia fuera en sentido contrario a donde usted está. Deténgase y levante el rodillo un dedo antes de llegar a la orilla. Coloque otra vez el rodillo en el centro del disco y enróllelo hacia donde está usted, una vez más deteniéndose justo antes de llegar a la orilla. De a la pasta un cuarto de giro y repita la operación. Presione firme y constantemente a medida que extiende, y trabaje con rapidez. Repita volteando y extendiendo la pasta hasta que quede de 3 mm (⅛ in) de grosor, con 2.5 cm (1 in) de sobrante alrededor de la circunferencia del molde para pie o de 12 mm (½ in) para la de tarta.

2 **Cortando el círculo:** Coloque una sartén o molde para pie o tarta en el centro del círculo de la pasta y, con un cuchillo pequeño, corte la pasta haciendo un círculo parejo, incluyendo los 12 mm (½ in) ó 2.5 cm (1 in) extra alrededor del exterior del molde.

3 **Pasando la costra:** Enrolle el círculo de la pasta suavemente alrededor del rodillo y desenróllela sobre el molde para pie o tarta, dejando que caiga suavemente sobre su superficie.

4 **Acomodando la pasta en el molde:** Levante las orillas del círculo de la pasta a medida que la acomoda en los contornos del molde, teniendo cuidado de no estirarla.

PASTELES

En muchas celebraciones, desde cumpleaños hasta bodas, se necesitan pasteles. Las técnicas que presentamos a continuación le ayudarán a preparar un pastel con éxito.

MEZCLANDO LA MASA:

Al igual que con las galletas, una vez que la mantequilla se ha acremado para hacer la masa para pastel, se agrega azúcar y se bate hasta que los granos se hayan incorporado por completo (la mezcla ya no debe sentirse arenosa sí la frota entre sus dedos). Ahora la mezcla se convierte en una masa, y se incorporan los demás ingredientes, como son la harina y los huevos. Agregue los huevos uno por uno, batiendo bien después de cada uno.

No bata demasiado la masa, puede destruir las burbujas de aire que se crearon cuando acremó. Mezcle únicamente hasta que la harina ya no se vea. Para más detalles sobre cómo integrar los ingredientes a la masa, vea la página 94.

ENGRASADO Y ENHARINANDO LOS MOLDES

Aunque algunos pasteles, como el bocado de ángel, se hornean en moldes secos, la mayoría de las recetas de pasteles requieren de moldes engrasados con mantequilla y enharinados con harina o cocoa. Generalmente es buena idea forrar el molde con papel encerado; ésto hace que el pastel no se pegue.

Para engrasar un molde, frote su base por la parte de adentro con mantequilla. Para forrarla, corte un papel encerado (papel para hornear) redondo o rectangular del tamaño adecuado para forrar la base. Coloque el papel en el molde y engráselo. A continuación, espolvoree un poco de harina sobre la base y los lados (o sobre el papel). Deteniendo el molde sobre un lavabo o un área de trabajo, voltee y ladéela para distribuir la harina uniformemente. Dé ligeros golpes para quitar el exceso de harina. Si va a hornear un pastel de chocolate que no será decorado, use cocoa en polvo en vez de harina para evitar que tenga un contrastante color blanco sobre el tono café del pastel.

NATILLAS

La natilla es una mezcla de huevos y leche o crema únicamente cocida hasta que las proteínas en los ingredientes espesen para formar un platillo suave, liso y parejo. Las recetas para costra que hay en este libro incluyen Tarros de Crema de Chocolate (página 97) y Crème Brûlée (página 221). Estas se cocinan primero sobre la estufa y después se hornean y, por lo general, se sirven en recipientes individuales.

La salsa para natilla o natilla batida, se prepara con leche o crema, huevos y azúcar. Solamente se cocina sobre la estufa, por lo que tiene una consistencia parecida a un puré. Una de las más conocida es la crema inglesa (ver página 113). Muchos helados son versiones congeladas de la crema inglesa.

TEMPLANDO LOS HUEVOS

Para hacer la natilla, debe manejar cuidadosamente los huevos. Si los huevos se calientan demasiado rápido y repentinamente, se cuajarán, adquiriendo una consistencia parecida a la de los huevos revueltos. Para obtener una natilla sedosa, debe templarse los huevos o calentarse poco a poco. Salpique los huevos con líquido caliente antes de ponerlos en la sartén caliente sobre la estufa. Moverlos constantemente ayuda a calentarlos de una forma lenta y gradual.

ENFRIANDO Y DESMOLDANDO

Los alimentos hervidos a menudo se ponen sobre rejillas para que el aire circule alrededor de ellos mientras se enfrían.

Para pasteles, coloque el molde sobre una rejilla de alambre y deje enfriar por lo menos 10 minutos o el tiempo que se pida en la receta. Desprenda los lados del pastel con un cuchillo delgado, coloque una rejilla de alambre sobre el pastel y voltéelo con cuidado, usando agarraderas térmicas si aún está caliente. Si no se puede despegar fácilmente, agítelo un poco. El pastel deberá salir del molde. Quite el papel para hornear de la base del pastel y deseche. Deje que el pastel se enfríe por completo antes de ponerle el betún. Para más información sobre cómo decorar un pastel, vea la página 102.

RECETAS BÁSICAS

Aquí presentamos varios elementos básicos usados en las recetas de este libro.

MASA BÁSICA PARA PIE

1¼ (175 g/5¾ oz) taza de harina de trigo

1 cucharada de azúcar

½ cucharadita de sal

¼ de taza (60 g/2 oz) de mantequilla sin sal fría, cortada en trozos de 2 cm (¾ in)

3 cucharadas de manteca vegetal fría, cortada en trozos de 2 cm (¾ in)

3 cucharadas de agua fría o helada

Si utiliza un procesador de alimentos, combine la harina, azúcar y sal en el tazón. Pulse para mezclar. Agregue los trozos de mantequilla y manteca y pulse hasta que las piezas se reduzcan a 12 mm (½ in). Agregue el agua poco a poco y pulse hasta que empiece a unirse formando una masa burda.

Para hacer la masa a mano, combine la harina, azúcar y sal en un tazón. Agregue los trozos de mantequilla y manteca y mezcle hasta integrar con la harina. Usando un batidor de varilla para pasta o 2 cuchillos, corte las piezas de grasa para integrar con la mezcla de harina hasta que queden del tamaño de chícharos pequeños. Vierta poco a poco el agua y mezcle con un tenedor hasta que la masa esté húmeda en forma pareja y se empiece a juntar formando una masa burda.

Pase la masa a una superficie de trabajo y haga un disco de 13 cm (5 in). Envuelva con plástico adherente y refrigere hasta que esté bien fría, por lo menos con 2 horas de anticipación. Esta masa rinde para hacer 1 costra sencilla para pie, tarta o galleta.

COULIS DE FRAMBUESA

3 tazas de frambuesas (375 g/12 oz)

¼ de taza (30 g/1 oz) de azúcar glass o de repostería, más otra poca según se necesite

1 cucharadita de jugo de limón fresco

En un procesador de alimentos, combine las frambuesas y el azúcar. Pulse hasta que las frambuesas se hagan puré. Pase por un colador de malla fina colocado sobre un tazón pequeño, presionando con el reverso de una cuchara de madera para extraer todo el jugo. Integre el jugo de limón. Pruebe y agregue más azúcar si lo desea. Rinde aproximadamente 1 taza (250 ml/8 fl oz).

CREMA DULCE BATIDA

¾ de taza (180 ml/6 fl oz) de crema espesa, bien fría

2 cucharadas de azúcar

½ cucharadita de extracto de vainilla

En un tazón profundo, combine la crema, azúcar y vainilla. Usando una batidora eléctrica a velocidad media alta, bata hasta que se formen picos suaves y la crema esté ondulada, aproximadamente 2 minutos. Cubra el tazón y refrigere hasta por más de 2 horas. Rinde 1½ taza (375 ml/12 fl oz).

CREMA INGLESA

1¼ taza (310 ml/10 fl oz) de leche

5 yemas de huevo grandes

¼ de taza (60 g/2 oz) de azúcar

2 cucharadas de Grand Marnier u otro licor de naranja (opcional)

1 cucharadita de extracto (esencia) de vainilla

En una olla sobre fuego medio, caliente la leche hasta que aparezcan pequeñas burbujas sobre la orilla. Mientras tanto, bata las yemas y el azúcar en un tazón hasta que estén pálidas y espesas. Agregue la leche poco a poco mientras bate. Regrese la mezcla a la olla sobre calor medio. Cocine, moviendo constantemente, hasta que la mezcla espese lo suficiente para cubrir el reverso de una cuchara, aproximadamente 5 minutos. Vierta a través de un colador colocado sobre un tazón limpio. Integre el licor, si lo desea, y la vainilla. Tape y refrigere. Rinde aproximadamente 1½ taza (375 ml/12 fl oz).

GLOSARIO

AZÚCAR

Mascabado: Con un fuerte sabor, es azúcar blanca teñida con melaza. Su consistencia es suave y húmeda y viene en dos presentaciones: café clara con sabor suave y café oscura con sabor fuerte.

De repostería: También llamada azúcar en polvo o glass, es azúcar granulada que ha sido molida hasta obtener un polvo delgado y se ha mezclado con un poco de fécula de maíz.

Granulada: La más comúnmente usada es la blanca granulada, que se ha extraído de la caña de azúcar o remolacha y ha sido refinada al hervirla, centrifugarla, darle un tratamiento químico y colarla. Para las recetas de horno, únicamente compre azúcar específicamente etiquetada como azúcar de caña; ya que la de remolacha puede tener un efecto impredecible.

Superfina: Cuando ha sido finamente molida se convierte en azúcar super fina, también conocida como azúcar caster. Debido a que se disuelve rápidamente, es la preferida para mezclas delicadas como las claras de huevo. Para hacer su propia azúcar, muela azúcar granulada en un procesador de alimentos o licuadora hasta que se formen gránulos más finos.

BATIR

Es un proceso por medio del cual se incorpora aire en un alimento. Al batir se aumenta el volumen de ingredientes como crema espesa (doble) o claras de huevo. Estos ingredientes se usan generalmente para aligerar la consistencia de mezclas espesas. Para batir se puede usar un batidor de globo, una batidora eléctrica o un batidor giratorio. Para formar picos suaves, los ingredientes batidos caerán suavemente hacia un lado al dejar de batir. Los picos firmes mantendrán su forma y quedarán parados. Vea también la página 67.

CAFÉ EXPRESO EN POLVO, INSTANTÁNEO

Este polvo puede agregar un sabor completo a café tostado en grano a muchos postres. Búsquelo en la sección de cafés de una tienda bien surtida o en tiendas especializadas en café o en alimentos italianos.

COCOA EN POLVO

Este polvo se obtiene al retirar prácticamente casi toda la manteca de cocoa del licor de chocolate y moliéndola para formar un polvo sin endulzantes. Alcalizada, o procesada al estilo holandés, la cocoa en polvo es más suave y más soluble que la no alcalizada o cocoa natural en polvo que es de color más claro pero con un gusto más fuerte. Use la que se especifique en cada receta; si no se especifica podrá usar cualquiera de las dos.

CREMA BUTTERMILK (SUERO DE MANTECA)

Es un tipo de cultivo de leche sin grasa o descremada, que agrega un sabor fuerte y espeso y una textura cremosa a las masas y pastas. Su acidez también ayuda a los agentes fermentadores. Si no se cuenta con ella, se puede sustituir por crema con gotas de limón.

CREMOR TÁRTARO

Este polvo blanco es tártaro de potasio, un subproducto de la fabricación del vino. Se usa para estabilizar las claras de huevo para que se puedan batir más fácilmente. El cremor tártaro también evita que se cristalice el azúcar, agrega una consistencia más cremosa a los betunes, hace que las migas de los pasteles sean más blancas y finas y que éstos suban mejor. También se mezcla con levadura en polvo para hacer el polvo para hornear.

CHOCOLATE, FUNDICION

Para derretir chocolate, pártalo en pedazos y colóquelo en la parte superior de una sartén doble para hervir (página 106) sobre agua caliente a fuego lento (baño maría). Asegúrese que el agua no toque la base de la sartén superior y no deje hervir el agua. Cualquier tipo de humedad o vapor que entre en contacto con el chocolate lo aprisionará o hará duro. Conforme se vaya derritiendo, mueva el chocolate con una cuchara de madera. Cuando esté líquido separe la parte superior del hervidor doble de la inferior y reserve.

Para fundir chocolate en microondas, coloque los trozos de chocolate en un plato para microondas y caliente en calor bajo. Revíselo después de 1 minuto y cada 30 a 40 segundos después de eso para prevenir que se queme. Cuando el chocolate esté brillante y suave, retírelo. Aunque no se derretirá por completo, se suavizará y se hará líquido a medida que lo vaya moviendo. Para tener más información acerca de las variedades de chocolate, vea la página 30.

EXTRACTO DE VAINILLA

También conocido como esencia de vainilla, proporciona perfume, espesor y color a muchas recetas. Evite comprar imitaciones de vainilla, hechas de saborizantes artificiales ya que tienen un sabor inferior. Los mejores extractos de vainilla identifican el tipo de vaina usada. Hay tres tipos comunes de vainas de vainilla: tahitiana, mexicana y la de Bourbon-Madagascar. Las varas mexicanas y de Bourbon-Madagascar tienen un sabor más fuerte, mientras que las tahitianas son más delicadas. Para información de cómo elegir y preparar vainas de vainilla enteras, vea la página 21.

HARINA

De trigo: También conocida como harina simple, es la que se usa para cualquier tipo de alimento y en la preparación de una amplia variedad de postres. Está hecha de una mezcla de granos de trigo suaves y duros.

Para pastel: Esta harina es baja en proteínas y alta en fécula. Se muele de trigo suave y contiene fécula de maíz. Es de consistencia muy fina y ha pasado por un proceso de decoloración que aumenta su capacidad de retener agua y azúcar. Los pasteles preparados con esta harina generalmente no se bajan.

HUEVOS CRUDOS
Los huevos algunas veces se usan crudos en mousses y otros platillos, pero tienen la desventaja que pueden estar infectados con salmonella u otra bacteria, que puede envenenar los alimentos. Este riesgo es mayor para los niños pequeños, ancianos, mujeres embarazadas o cualquier persona que tenga un sistema inmunológico débil. Si es sano y se preocupa por su seguridad, no consuma el huevo crudo.

MANTEQUILLA SIN SAL
También llamada mantequilla dulce, es la indicada para hornear. No contiene sal adicional que puede interferir con el sabor de la receta final y es más probable que esté fresca ya que la sal actúa como conservador.

MEZCLADOR DE PASTA
Esta herramienta, usada para integrar la mantequilla y otras grasas a la harina para lograr delicadas costras de pasta, consiste de una manija fuerte que sostiene una hilera de alambres o navajas. Los alambres cortan la grasa en pedazos cada vez más pequeños hasta dejarlos del tamaño de chícharos pequeños.

MIEL DE MAÍZ
Esta miel, de fécula de maíz, es un endulzante usado comercialmente, pero también puede utilizarse para cocinar y hornear en casa. Lo puede encontrar en versión oscura o clara. Añade humedad a los pasteles o galletas y les da una consistencia pegajosa.

MOLDE DESMOLDABLE
Es un molde redondo y profundo con una abrazadera que sujeta su borde, muy útil para los pasteles de queso y otros pasteles firmes. El borde se suelta cuando se abre la abrazadera, permitiendo sacar más fácilmente el pastel. El tamaño más usado es el de 23 cm (9 in) de diámetro. En general, los moldes desmoldables deben colocarse sobre charolas de hornear para evitar que se chorree la masa en el horno.

MOLDE PARA PASTEL
Las moldes redondos, por lo general miden 5 cm (2 in) de profundidad y de 20 a 23 cm (8–10 in) de diámetro y se usan especialmente para hornear pasteles. Se recomienda tener por lo menos dos moldes a la mano para poder hacer pasteles por capas.

MOLDE PARA PUDÍN
Es un molde con una tapa que cierra a presión para hacer pudines al vapor. Generalmente son redondos con un tubo en el centro para calentar de forma pareja y a menudo las orillas y tapas tienen acanalados decorativos. El molde se coloca a baño maría mientras el pudín se cocina al vapor.

NUECES, TOSTADO DE LAS
Para tostar nueces, precaliente el horno a 165°C (325°F). Esparza las nueces en una capa sencilla sobre una charola de hornear. Coloque la charola en el horno y tueste, moviendo de vez en cuando, hasta que aromaticen, estén ligeramente doradas y cubiertas por una capa de su propio aceite. Dependiendo del tipo y del tamaño de las nueces, esto puede tomar de 10 a 20 minutos. Retire las nueces de la charola tan pronto empiecen a dorarse, colocándolas en un plato y dejándolas enfriar. Se seguirán cociendo ligeramente después de retirarlas de la charola. O, si lo desea, tueste en una sartén pequeña y pesada para freír sobre calor medio. Agite la sartén a menudo y retire las nueces cuando empiecen a dorarse.

POLVO PARA HORNEAR VS. LEVADURA EN POLVO
El polvo para hornear y la levadura en polvo son fermentadores químicos. Actúan al reaccionar con los líquidos y el calor para liberar gas de dióxido de carbono, que a su vez fermenta la masa, haciendo que ésta se esponje al cocinarse. El polvo para hornear es una mezcla de un ácido y un alcalino o base, que se activa cuando es expuesto a la humedad o al calor. El polvo para hornear de doble acción contiene dos ácidos. El primero reacciona mientras se bate la masa y el segundo reacciona mientras se hornea. La levadura en polvo, también llamado bicarbonato de sodio, es un alcalino o base, que libera gas de dióxido de carbono sólo cuando entra en contacto con un ingrediente ácido, como la crema agria, yogurt, suero de manteca (crema Buttermilk) o jugo de cítricos.

ÍNDICE

DEGUSTIS
Es un sello editorial de
Advanced Marketing, S. de R.L. de C.V.
Aztecas 33, Col. Sta. Cruz Acatlán, C.P. 53150 Naucalpan, Estado de México

WILLIAMS-SONOMA
Fundador y Vice- Presidente: Chuck Williams
Compras: Cecilia Michaelis

WELDON OWEN INC.
Presidente Ejecutivor: John Owen; Presidente: Terry Newell;
Vicepresidente, Ventas Internacionales:Stuart Laurence; Director de Creatividad: Gaye Allen;
Editor de Serie: Sarah Putman Clegg; Editor Asociado: Heather Belt: Gerente de Estudio: Brynn Breuner;
Editor de Fotografía: Lisa Lee; Editor de Copias: Sharon Silva; Editor Consultor: Norman Kolpas;
Diseñador: Douglas Chalk; Fotografía de Alimentos: Maren caruso
Estilistas de Alimentos: Kim Konecny y Erin Quon; Estilista de Props: Carol Hacker;
Asistente de Fotografía: Faiza Ali; Índice: Ken DellaPenta; Corrección de Estilo Dresne Ahlers,
Kate Chynoweth, Linda Bouchard y Carrie Bradley; Diseñador de Producción: Joan Olson

Título Original: Dessert   Traducción: Laura M. Cordera
Postres de la Colección Williams – Sonoma fue concebido y producido por Weldon Owen Inc., en colaboración
con Williams – Sonoma.

Una Producción Weldon Owen Derechos registrados © 2002 por Weldon Owen Inc, y Williams – Sonoma Inc.

Derechos registrados © 2003 para la versión en español: Advanced Marketing, S. de R.L.. de C.V.
Aztecas 33, Col. Sta. Cruz Acatlán, C.P. 53150 Naucalpan, Estado de México

Presentado en Traján, Utopía y Vectora.

ISBN 970-718-060-9

Separaciones a color por Bright Arts Graphics Singapur (Pte.) Ltd.
Impreso y encuadernado en Singapur por Tien Wah Press (Pte.) Ltd./Printed and bound in Singapore by Tien Wah Press (Pte.) Ltd

1 2 3 4 5   03 04 05 06 07

UNA NOTA SOBRE PESOS Y MEDIDAS

Todas las recetas incluyen medidas acostumbradas en Estados Unidos y medidas del sistema métrico.
Las conversiones métricas se basan en normas desarrolladas para estos libros y han sido
aproximadas. El peso real puede variar.